U0115953

尤野東南民族叢書

青藏高原東部的喪葬制度研究

下冊

何國強　主編·葉遠飄　著

目次

第四章
複合葬文化模式：拒斥三惡趣的重生

第一節　川藏三岩：一個半牧半農區

　　順著金沙江往南而行，在與金沙江峽谷入口直線距離約 200 公里的地方就是金沙江峽谷中部的三岩。具體來說，三岩地理位置大致在東經 98°40'-98°52'、北緯 30°14'-31°02' 之間。在行政上，它的範圍包括今日四川省白玉縣管轄的蓋玉鄉、薩瑪鄉、山岩鄉，巴塘縣甲陰鄉的一部分，西藏貢覺縣管轄下的剟日鄉、羅麥鄉、沙東鄉、敏都鄉、雄松鄉、木協鄉，江達縣的邦拉鄉、生達鄉以及芒康縣管轄的戈波鄉、尼增鄉、朱巴龍鄉、宗西鄉。上述十幾個鄉基本上沿著金沙江兩岸分佈，其中四川省白玉縣管轄下的山岩鄉以及西藏貢覺縣管轄下的剟日鄉、羅麥鄉、沙東鄉、敏都鄉、雄松鄉、木協鄉共 7 個鄉是三岩的核心區域。目前，7 個鄉的面積加起來約有 13.5 萬平方公里，人口約 1 萬。[1]本書的第二個田野點便在此區域開展。

　　三岩早期的歷史不甚清楚，其真正進入人們視野的是清末以降屢次發生的「夾壩」[2]事件。1906 年，清朝政府決定對川邊實行「改土

1　資料來源於各鄉政府提供的土地面積與人口匯總資料。

2　「夾壩」為當地藏語的發音，即「搶劫」之意。據《清實錄》記載，三岩搶劫的對象涉及過往商人的財物、達賴喇嘛的茶包，甚至是當地官員呈給光緒皇帝的奏摺（參見顧祖成、王觀容等：《清實錄藏族史料》，拉薩市：西藏人民出版社，1982年）。

歸流」，光緒帝任命趙爾豐為川滇邊務大臣著手處理。然而，趙爾豐率軍進駐四川省巴塘縣時卻先後遭到當地寺院的反抗，軍隊難以向三岩行進，趙氏知會三岩北面的德格土司，雙方相約以鐵腕手段對三岩進行南北夾擊，先後 3 次對三岩反抗勢力進行征剿才得以攻克。但隨後辛亥革命爆發，清帝退位，清政府對全國（包括三岩）所實施的一系列措施夭折。民國以後，三岩在名義上被劃歸為四川德格土司管轄。[3]但事實上，德格土司並未真正維護三岩的社會秩序。西藏昌都檔案館提供的一份資料表明：「三岩人在藏政府統治三十多年間對三岩是不管不問的。」[4]這說明三岩核心區域直到民國還處於權力的真空地帶。1949 年，中華人民共和國在金沙江西岸的雄松鄉設立三岩宗政府對三岩進行管轄，然而翻閱當時的文獻材料，卻發現當國家權力在全國各地農村基層「細胞化」[5]的同時，這種權力卻難以在三岩奏效。1954 年昌都縣檔案館出示的一份關於三岩的社會狀況時描述道：「舊的仇恨更多，互相隱瞞、懷疑記仇，互相戒備、醞釀報復，遇到一定場合就會釀成械鬥死傷人命。」[6]

筆者將田野調查點集中於三岩的核心區域正是為了考察在這一權力真空地帶的喪葬文化的運作邏輯。

一　高山壩區中的帕措社會

三岩地處金沙江峽谷中端，境內地質主要由古生代的泥盆係、火

3　參見四川省德格縣志編纂委員會：《德格縣志》（成都市：四川人民出版社，1995年），頁440。

4　資料來源於昌都檔案館1953年的資料《三岩土匪問題的調查》。

5　參見Helen F.Siu. *Agents and Victims in South China: Accomplices in Rural Revolution.* Yale University Press,1989。

6　資料來源於昌都檔案館1954年的資料《三岩一帶藏族民族內部不團結的糾紛問題》。

山碎屑岩、花崗長岩、華力西期岩漿岩構成，山峰綿延起伏，由西北向東南傾斜。清末劉贊廷在記載通往三岩的道路時寫道：「金沙江以東由白玉驗之乃意山南伸至巴壩山，高拔七千餘尺，終年積雪。轉入巴安郭布山金沙江以西，曲同普縣所屬。之然鄉山南伸名巴爾達山，高拔一萬一千餘尺，橫斷南北，綿亙西南。」[7]可見，將三岩與外界隔斷的主要是山峰。據筆者實地考察，三岩境內大大小小的山峰海拔多在 5,000 公尺左右，夏季積雪，冬季封路。由於交通環境較差，在全國大興「探險熱」的今天，到三岩「探險」的遊客並不多。

其實，交通差或許僅是其中的一個因素，更令人擔心的是三岩的治安。近幾年來，三岩以「亂」出名。2012 年 11 月，當筆者拖著一身的疲憊到達這個地方時，當地派出所的一位民警誤以為筆者是迷路的行人。他一邊給筆者指路一邊說：「你趕快往我指的方向走，在路上不能東張西望，不要隨便與路人打招呼，否則會有性命之憂。」民警之語並非空穴來風，翻閱史料，這一片地區在歷史上一直是「尚中外人士不跡之地，無酋長，以搶劫殺人為雄，歷不屬藏亦未附漢」[8]。一個值得關注的現象是，目前藏族許多地方之命名皆與藏傳佛教或者犛牛一類的動物有關。例如，金沙江西岸的三岩區所在的貢覺縣，根據當地藏語的發音，「貢」指的是活佛，而「覺」指的是居住，「貢覺」就是活佛居住的地方。而「三岩」竟係「地勢險要」之意。由此可知，雖然目前三岩的核心區域已經劃歸貢覺縣管轄，但人們說起「貢覺」這個名詞時，顯然是把三岩排除在外的。這也從側面表明藏傳佛教對三岩的影響不如其它地方深。

目前，三岩社會運行在一種被稱為「帕措」的民間自治組織基礎

7　〔清〕劉贊廷：《武成縣志》，1910年。

8　王川：《西藏昌都近代社會研究》（成都市：四川人民出版社，2006年），頁95。

上。在當地的藏語發音中,「帕」指父親一方,「措」含聚落之意。顧名思義,「帕措」就是一種基於父系血緣關係成立的組織,具有管理的職能。在金沙江的東面,當地人又將「帕措」稱為「戈巴」。三岩兩岸每個村落分佈著大大小小的帕措,小的帕措組織由十幾戶組成,大的多達百戶。

帕措在維護社會運行秩序方面體現的最重要的一點就是實行血親復仇制度。三岩的帕措雖然有大小之分,但是各帕措之間互不隸屬、各自獨立。帕措組織還可以發生裂變,如大的帕措裂變為小的帕措,小的帕措又可以裂變為更小一級的帕措,但是裂變出來的新的帕措組織,即與上一級的帕措不存在依附和從屬關係。不過,由於新裂變出來的帕措力量較小,在涉及械鬥時,它們經常會求助於上一級帕措。但是,當問題在上一級帕措得不到解決時,會逐級往上發展。除了可以聯合上一級的帕措壯大力量以外,勢力弱的小帕措還可以相互結盟來對抗勢力大的帕措,這取決於帕措之間的利益關係。因此,三岩各帕措之間存在既聯合又分離的關係,三岩社會就運行在帕措械鬥的基礎之上。哪個帕措的力量強大哪個帕措就稱霸;但是,力量弱小的帕措會積蓄力量,伺機報復。如此一來,三岩呈現給世間的是一幅刀光劍影的亂象。

在金沙江西岸,當地政府相關部門曾將帕措視為一種非法組織進行打壓;而在金沙江東岸,當地政府將帕措視為原生的父系文化活化石加以保護,儘量不去干涉他們的活動。[9]在這種情況下,帕措就有了更大的活動空間,當他們認為沒有必要求助政府的時候就私下按照民間法則解決一切糾紛,而一方認為不公平的時候又會主動拿政府要脅對方。因此,從根本上說,帕措在當地的治理中佔有主動權。

9　陳洲:《金沙江畔三岩的糾紛解決機制研究──社會控制規範化的一個視角》(廣州市:中山大學法學院碩士學位論文,2008年)。

二　半牧半農的生計模式

　　三岩地勢高低不一，境內最高處是剋日鄉的勒潑山峰，海拔 5,400 公尺；最低處是西岸木協鄉則達村，海拔 2,500 公尺，垂直落差高度 2,900 公尺。在海拔 4,000 公尺的地方分佈著大量草甸和灌叢，是天然的放牧場所；在海拔 2,500 公尺靠近金沙江的河谷地帶發育著褐土，土壤有機物含量低，且鹼性反應強烈，在一定程度上適合農耕。因此，三岩人在生計上呈現出半牧半農的模式。

（一）牧業

　　半牧半農並不意味著兩種生計模式在三岩人的家庭收入中扮演相等重要的作用，田野調查發現，在各家庭的經濟生產活動中，牧業往往佔有突出的位置。

　　就畜牧業而言，三岩人主要飼養犛牛、奶牛、耕牛和驢。前兩類為人們提供了豐富的蛋白質，三岩人平常吃的肉和喝的酥油茶就來源於此；後兩類主要用於耕作和運輸。與金沙江入口的玉樹巴塘鄉類似，犛牛在一定程度上是判斷一個家庭是否富有的最直接標準。需要指出的是，三岩人還放養少量的耕牛和驢，它們主要用於農業生產。下面，我們通過考察一個個案，分析牧業對三岩家庭經濟的貢獻程度。

　　　住在山岩鄉色巴村的紫登兩兄弟共娶一個妻子，養育有 3 個孩子，紫登的母親早年去世了，但父親仍然健在，因此全家有 7 口人。他們家的土地很少，在 20 年前村裏分地的時候，只給父親和他們兄弟倆分地，幾個孩子都沒有分到土地，現在平均算下來，每人只有 0.8 畝。由於土地比較貧瘠，莊稼多是兩年三熟，如果僅靠種地，收入幾乎無法維持生活，但事實是紫登家

的生活在村裏並不算差，原因是他們有很多牛。

紮登家目前有 35 頭牛，其中奶牛 5 頭、耕牛 2 頭，其它的全都是犛牛，另外還有 3 匹驢。紮登一家在放牧方面進行有條理的分工：紮登兩兄弟主要看管犛牛，他們的父親看管奶牛和耕牛，妻子一般在家從事各種家務，3 個孩子也分別幫紮登兩兄弟養牛。遇到農忙的時候，父親就會與小兒子擔負起看管所有牛的職責，而紮登和妻子兩個人去忙農活。但是這種情況頂多十來天，因為他們家並不重視農業生產，所以花在田裏勞作的時間很少。

去年，紮登家的 5 頭奶牛一年產的奶可以製作 500 斤左右的酥油，按一個家庭一天消費 1 斤酥油計算，他們家的奶牛所產的奶足夠全家消費。因此，紮登家根本不需要到市場購買酥油；相反，他們有時候還會把家裏多餘的酥油拿到縣城去賣，以換取其它生活必需品。另外，他們家去年還殺了 3 頭犛牛，每頭犛牛產肉 700 斤，全部用於消費，因此這個家庭基本上每天可以吃到肉。

與紮登家的情況類似，就三岩目前的情況而言，許多家庭更願意把精力放在牧業的生產而不是農業的生產上。因為比起農業來，畜牧業具有四個方面的突出作用：首先，它可以為一個家庭提供必要的蛋白質和脂肪，這對於生活在高山壩區的三岩人來說是最根本的。其次，畜牧業是一個家庭一年收入的主要來源，人們有沒有錢為自己的房子換上各種亮麗的新裝取決於賣犛牛的收入。再次，這些牲畜也定期為三岩人提供了一定重量的羊毛、牛皮和羊皮，人們用這些東西來製作繩子、衣服以及袋子等各種皮革用品，從而減輕了人們在衣著花費上的負擔。最後，畜牧業還直接關係到農業莊稼的成長。由於當地

土地貧瘠、交通閉塞，現代農業的各種技術沒有傳進來，精耕細作的農業還沒發展起來，能夠提高農作物產量的便是不斷往地裏施肥，而這些肥料的來源只有一個，那就是牲畜的糞便。

就草場的位置而言，三岩低海拔地區受亞熱帶濕潤季風氣候的影響，而高海拔地區受溫帶半乾旱季風氣候的影響，因此垂直氣候較為顯著。在季節輪換期間，村莊裏通常是生趣盎然，但是山頂早已白雪皚皚，這種環境也造就了三岩牧場的輪替。他們把牧場分為春夏牧場與秋冬牧場。在春夏兩季，他們主要在海拔 3 500 至 4 000 公尺的高山埡口放牧，那裏不同的坡向地生長著不同的植物，如陰坡有高山柳灌叢，陽坡有草甸，對牲畜來說，這些都是理想的飼料。但是秋冬以後，高山埡口處的草木枯萎，人們必須把牲畜趕到金沙江的河谷一帶放養。那個季節裏，河谷一帶的草本植物還是鬱鬱蔥蔥的，有早熟禾屬、野青茅、須芒草等。

概而言之，當地的放牧實際上就是利用季節的迴圈而尋找適合放牧的場所，但是這種放牧並非是游牧。三岩人的放牧與青海巴塘人的游牧方式不同：在一年四季的放牧生活中，三岩人並不是全家都往高山埡口上走，只是把放牛的任務交給家庭裏的某幾位成員，在家裏的人也會以各種方式和離家外出放牧的人保持聯繫，比如不定時地給他們送食物和衣服等各種生活用品。

（二）農業

歷史上三岩的農業是怎麼樣的？江東山岩鄉色巴村 65 歲的老人黎布瑪向筆者講述了這樣一個傳說：

> 那時候宇宙還沒有形成，全是水，灶神杜拉發明了青稞種子，
> 本來是在天上種的，但是他不忍心看到水裏面的人挨餓，就把

> 青稞種子給了人類，並教給人類種植青稞的方法。
>
> 一開始，人類在水裏面種植，讓魚來拉犁，但是魚沒有氣力，拉不動犁，青稞沒有長成。後來菩薩普度眾生，施展法力把水逼退了，陸地就出現了。我們的祖先就在陸地上種植青稞，並用犏牛來拉犁，青稞就長起來了，遍地都是。人們不再挨餓了，就在收穫青稞的時候把青稞撒向天空紀念杜拉。
>
> 不久以後，惡神使壞，向大地撒冰雪，青稞被埋住了，長不起來，人類又挨餓了，祖先們用馬把青稞種子運到山上種植，然而馬犁田不如牛，所以青稞就越長越少。[10]

　　這個傳說透露了兩個重要信息：其一，人類將青稞從谷地搬到高山上，種植青稞變得越來越少；其二，人類從用牛來拉犁轉變為用馬來拉犁。其中的隱喻似乎表明了三岩峽谷經濟方式轉變的軌跡是：農業所佔的比例越來越小，而牧業所佔的比例則越來越大。這一點與三岩近年來的氣候變化可以相互印證。雄松鄉氣象站的阿都有著豐富的氣象知識。在他看來，雄松鄉近年來的氣溫變化有四個特點：一是氣溫變寒，晝夜溫差越來越大。他回憶小時候老百姓在 10 月份還穿單衣，但是現在 9 月一到，晚上穿單衣就覺得冷了。二是降雨量偏少，這幾年幾乎每年都出現旱災，2008 年還出現了大旱天氣，造成農田莊稼顆粒無收。三是土溫低於氣溫，高山埡口的凍土持續時間很長，挖土挖不動，無法種地。四是立體氣候突出，災害天氣越來越多，山體滑坡、泥石流等現象頻繁發生。這樣的氣候顯然不利於大面積的農業生產。

　　與江東流行的傳說類似，江西雄松鄉夏雅村 75 歲的老人格桑說：

---

10 採訪時間：2012年11月。

我們是國王的後裔，原本住在一個叫古格的地方。在一次宮廷
政變中，我們的國王被殺了，祖先們帶著國王的首級一路東
逃，來到了三岩這個偏僻的地方。但是，定居下來的時候人們
都很餓，因為祖先逃難時走得太匆忙，只帶了在路上吃的糧
食，忘了帶種子過來，到了這裏以後只好放牧了。後來看見巴
塘、察雅地方的人種地，我們就借他們的種子來種地，但是那
時候人們已經習慣放牧了，所以種地的人並不多。[11]

在格桑老人的記憶中，三岩的農業很早就已經有了，只不過中間
出現過斷層，後來又在異文化的影響下恢復並發展了起來，但是礙於
自然條件，這種發展是有限的。格桑老人的說法在當地檔案館的資料
中有許多體現。資料顯示，「1979 年 5 月，因為嚴重的乾旱氣候，三
岩片有 5 600 畝的蕎麥未能下種……」[12]「1995 年 8 月，三岩木協、
雄松、敏都三鄉因乾旱發生大面積蕎麥蟲災，受災面積達 1 200 畝，
因災害減產達六七成以上。」[13]與這些自然災害相呼應的是，1963
年，山岩鄉色巴村缺糧達 8 150 公斤，巴巴村缺糧達 9 470 公斤，劣
巴村缺糧 1 755 公斤。[14]

筆者在田野調查期間對此也深有感受，每年青黃不接的季節，不
少家庭都在一定程度上出現了糧食短缺的現象。

色巴村的拉措夫婦育有 3 個孩子，全家 5 口人有 9 畝土地，其

---

11 採訪時間：2012年11月。
12 西藏自治區貢覺縣地方志編纂委員會：《貢覺縣志》（成都市：巴蜀書社，2010
　年），頁110。
13 《貢覺縣縣志》編寫辦公室：《〈貢覺縣縣志〉編寫資料卡片》（手抄本）。
14 參見白玉縣檔案館1963年「關於牲畜、糧食生產分配、合作社基本情況、副業生產
　等統計表」。

中 5 畝種植青稞，2 畝種植小麥，2 畝種植圓根與馬鈴薯。

由於土地不肥沃，去年他們家收穫的青稞才 450 公斤左右，小麥為 175 公斤左右，而拉措一家 5 口人一天要消耗青稞 2 公斤左右。如此算來，他們一年必須要有 730 公斤左右的青稞才能滿足基本的溫飽。但是，即使把青稞產量與小麥產量加起來也不過是 625 公斤，遠遠達不到這個家庭正常的糧食需求。更何況收穫的青稞和小麥不可能全部當作糧食充饑，他們必須拿出一部分去釀酒。因為在三岩，家家都有釀酒的傳統，不僅家裏人餐餐頓頓要喝酒，平常找人幫忙辦事或者村裏人串門也是以酒相待。

所以，拉措家有時候會出現斷糧的情況，這時候唯有用馬鈴薯和圓根代替糌粑做主食。幸好他們家還飼養犛牛和山羊，每年家裏缺糧時，它們都會賣幾頭犛牛和 10 多隻山羊去縣城買糧食。

可見，如果拉措家不從事畜牧業，那麼這個家庭的農業收穫是無法保證溫飽的，這也成為不少三岩人在青黃不接的季節到外面搶劫的藉口。在調查過程中，筆者曾經有過這樣的疑惑：他們為什麼不去開拓大片荒地以增加糧食的生產呢？但是，當筆者考察了三岩的生態環境以後就發現這個想法是極其幼稚的。首先，三岩「全境多為石山，熟地頗少，計不過千分之七八而已。……巴巴在兩山夾峙之間，石峰高聳，矗立參天，熟地頗少，傾斜亦急，居民共七十餘家，俱在山之兩腋，……惟土少人多，供不應求，所謂『食之者眾，生之者寡』，而可墾荒地亦屬寥寥」[15]。其次，三岩人所使用的「農具粗率，耕地

---

15 羊澤：〈三岩概況〉，《康導月刊》1939 年 9 月第 2 卷第 1 期。

深至二寸有餘，無鐮鋤，草禾並生，無法剷除」[16]。生態條件與生產工具決定了農業不可能在當地的經濟生產中佔有重要地位，所以，三岩人對農業的重視還不如採集。例如，每年 4 月是播種青稞的季節，但同時又是採集的季節，當這兩項工作的時間發生衝突時，三岩人經常選擇捨棄農田轉而到山上去採集。事實上，相對於在農田的勞動來說，採集是能夠較快實現經濟效益的，這些收入在一定程度上能夠緩解糧食短缺所帶來的危機。

第二節　苯佛信仰與葬式分類

三岩的宗教信仰錯綜複雜，古老的苯教在這裏有相當強的民眾基礎。由於交通不便，信息不暢通，即使這裏在後期傳入了藏傳佛教，但是今日的三岩仍保留著苯教與巫術的濃厚遺風。這些信仰非常強大，仍然主導著三岩傳統的葬式。

一　三岩黑教與傳統葬式

（一）濃厚的苯教信仰遺存

1　苯教信仰對三岩人生活的影響

清末，劉贊廷在記述三岩的宗教狀況時曾寫道：「黑教喇嘛慣以人皮、人心、人手、人之天靈蓋、人之大腿骨為之特品……能以驅祟招魂。」[17]這裏的黑教顯然指的是苯教，而所謂的黑教喇嘛就是時下的

16　〔清〕劉贊廷：《武成縣志》，1910年。
17　〔清〕劉贊廷：《武城縣志·商情》，1910年。

民間宗教人士，老百姓普遍把他們稱為「阿尼」。阿尼沒有固定的寺廟，他們不是專職的僧人，但是他們會念經，而且還擁有自己的法器，主要是大鼓、撥浪鼓、金鈴、木製小佛塔和神圖，他們的職能是為鄉民主持喪葬、驅鬼和祈禱儀式。家住在山岩鄉的 54 歲村民尼松說：

> 我們這裏家人去世後，通常請多個法師來算命，不單是請喇嘛，也要請阿尼。喇嘛一般是上師，但是，阿尼也是上師。喇嘛算命一般要翻一下經書。但是，阿尼算命不需要看經書，只是問了問去世的人的屬相和家裏 3 個人的屬相，把 3 個人的情況結合在一起，就能夠推算出他的葬式了。[18]

與苯教相生相伴的是巫術驅鬼活動。目前，一些村落流行的「驅餓鬼」的風俗就是由阿尼帶領的。三岩的老百姓普遍認為陰間有一種叫「軋棱」的餓鬼，這種鬼是那些膽小的人死後變成的。他們在世的時候本來就怕事，當兩個帕措產生糾紛鬥毆的時候這些人不敢衝鋒陷陣，只能在家裏幫忙做飯，由於出去械鬥的人太長時間不回來，在家做飯的這個人就早早吃飯了，這種人死了以後靈魂就會變成餓鬼。它長成了 9 個頭、9 張嘴，而且每張嘴都要吃飯，食量大得很，在人們收穫糧食的季節裏經常進出倉庫，連灶神杜拉也難以發覺。三岩人認為對付這種鬼需要請阿尼，因為阿尼可以算出它們在什麼地方，然後帶領大家把它們趕走。

這項活動以帕措為單位在豐收的季節裏舉辦，具體日子由帕措商量決定。舉辦活動的這一天，同一帕措的每個家庭必須在大清早天沒有亮的時候備好 9 碗糌粑，將這些糌粑呈「一」字形擺在通往自家廚

---

18 訪談時間：2012年11月。

房門外的道路有坑的地方，並以白布蓋住，主人則坐在廚房裏面，將門緊鎖。同一帕措的每個家庭出一名男青年。他們用灶灰抹黑自己的臉後，手持黃連刺或者砍刀組成驅鬼團大踏步走到廚房門前高聲吶喊：「軋棱、軋棱……」，主人聽到吶喊聲後打開門，驅鬼團蜂擁而進在廚房的每個角落一陣敲打。在這期間，驅鬼團還可以享受主人提供的乳酪、酥油茶等食品招待。據說，餓鬼紮棱聞訊會感到害怕，腿也發軟，所以只能逃到廚房外面放著 9 碗糌粑的坑躲起來偷吃，主人則悄悄地走到那裏掀開白布，並將中間的那個碗摔破，軋棱也隨之死亡。

2 苯教信仰對三岩人生產的影響

由於三岩的資源稀缺，那些與物質性生產相關的苯教節日在三岩人的心中顯得尤其重要。

每年春天，各家各戶在準備播種的時候，每個村莊都會由寺院中的喇嘛或者民間的阿尼帶領大家一起念經，但其目的並不是祈禱個人的健康和轉世，而是請山神做好保護莊稼種子的準備。夏天如果遇到乾旱，人們也會組織在一起念經，這次念的經文叫《映來》，其目的是祈求龍神在必要的時候給人類降一場好雨，緩解旱情，讓莊稼能及時補充水分，以期秋天有好的收成。在青稞收穫之前，人們還會專門請法力高深的喇嘛來念經，其目的主要是消除冰雹對莊稼的破壞。這次念經非常重要，喇嘛不能在那些小神山、寺廟或者村裏念，而要專門選擇在鄉中最大的神山附近念。每個藏歷年，各個帕措也會舉辦各種法事，祈求神靈在來年繼續降福於本帕措。這項活動一般持續數日，不僅有藏傳佛教僧人參加，還有阿尼參加。在這項念經儀式上還使用到了「朵瑪」——由糌粑製成，顏色、形狀、大小各異，分別代表各式各樣的苯教神靈，僧人在念經時小心翼翼地把朵瑪放在香爐旁邊供奉，在念經的同時將白色的牛奶、黃色的酒水與青稞往朵瑪的身

上倒去，以表示對神靈的感謝，並祈禱他們來年繼續施恩於本帕措。
儀式結束以後，這些朵瑪一般被收藏在一個鐵箱裏，時間長達一年，
它們起到保護帕措來年生產的作用。冬天，人們修房子、耕地、砍伐
木材、搬石頭事先也多是念經，向土地神、樹神、山神、家神和灶神
等報告，讓這些神靈挪開地方。人們害怕在從事這些工作時不小心冒
犯這些神，倘若如此，人們希望得到神靈的原諒。

　　分析這些與生產相關的宗教活動可以看出，在三岩人的信仰體系
裏面，它們並不是直接針對個人的健康與福祉，而是體現了苯教信仰
在物質性生產中的重要性。也正因為如此，我們才能夠解釋為什麼三
岩人偷盜、搶劫成風，甚至將偷盜、搶劫視為當地的一種謀生手段。
筆者調查發現，這種思想可能來源於苯教信仰。在三岩，有這樣一個
傳說：

> 在宇宙剛形成的時候，這裏來了 3 個山神兄弟。大哥擅長耕
> 田，看到四川巴塘的氣候好，就打算搬到那裏去種地；二哥擅
> 長養牛，看到察雅的牧場青，就打算搬到那裏去放牧；三弟年
> 紀還小，什麼也不會，只能幫助兩個哥哥做些雜事。後來大哥
> 與一個女鬼結婚，在她的煽動下把家裏的農具悄悄帶到巴塘去
> 了；二哥一氣之下就把所有的牛羊趕到了察雅；三弟什麼都沒
> 有，只好經常去兩個哥哥那裏偷、搶，兩個哥哥見他可憐，就
> 不怪他，允許他偷和搶，於是三岩就形成了偷、搶的文化傳
> 統。三岩人認為女人破壞了兄弟的團結，也因此看不起女人。[19]

　　此則傳說中的「山神」、「女鬼」無疑透露出了三岩濃厚的苯教信

---

19 訪談時間：2012年11月。

仰遺風，因而我們就能很好地解釋為什麼信仰佛教的三岩人能夠做出
偷、搶、盜等與佛教教義不相符的舉動，還一度搶劫達賴喇嘛的茶
包。[20]此外，苯教信仰在某種程度上還維護著當地社會正常的運行秩
序。在三岩，兩個人或者兩個帕措因為糾紛大動干戈以後，會邀請雙
方都信任的中間人做仲裁，而一旦糾紛的雙方同意中間人所提出的方
案後，所有人卻必須到神山或者湖泊前當著山神和魯神的面發重誓，
發了誓以後不管之前有什麼樣的恩怨都一筆勾銷，雙方以後都不能再
找對方報仇。

（二）死亡分類：可預見性與不可預見性

　　傳統上，三岩人對死亡的分類主要有兩種，即可預見的死亡與不
可預見的死亡。可預見的死亡指的是一個人患病最後慢慢死在家裏的
情況。三岩人認為，這種死亡是能夠預見的，它表明此人的陽壽已經
到了盡頭，其靈魂會安心離開陽世，到另外一個地方生活，是順應天
命的一種死亡。可預見的死亡還包括一種情況，即那些為了帕措的利
益打架而死於刀口、槍口下的年輕人。三岩人認為，這種死亡雖然特
殊，但是也算可預見的，因此對這種死亡也持積極的評價。不可預見
的死亡與可預見的死亡相反，它是一種不可控的死亡，如一個人突然
暴斃、患一些不常見的疾病而導致的死亡。人們對這類死亡的評價很
差，普遍將死亡的原因歸於死者在生前得罪了某個神靈或惡鬼。75
歲的老人格桑說：

　　　　可預見的死亡指的是一個人患病死亡，但裏面也分好與差，有
　　　　些人活到很老也沒有什麼病，是老死的，那種死亡就比較好。

---

20 參見顧祖成、王觀容等：《清實錄藏族史料》（拉薩市：西藏人民出版社，1982年），
　　頁1378。

在我們這裏，活到 80 歲以上才死的人是最好的死亡，這些人的靈魂會成為神，保祐家庭事事順利。

不可預見的死亡就是患傳染病死亡的人。只要一個人患傳染病，不管他活多老都不能算正常死亡，因為這種人死後靈魂還會有傳染病，只要靈魂回到家裏，就會把一系列的病傳染給家人。出門摔下山崖、撞車、婦女難產的也是不可預見的死亡，之所以發生這些意外，是因為他們得罪了神靈或被惡鬼纏身。被人殺死的也算意外死亡，但是這還要看情況，如果是為了帕措的利益去和別的帕措打架而死的就不算意外死亡。因為兩個帕措之間打架，死人是可以預見的，所以帕措與帕措之間有了糾紛以後要調和，就是不想有太多的人死亡。[21]

三岩地處惡劣的自然環境中，藥物缺乏，人們在這種環境下要想很好地生存下來，就必須解決病痛折磨的問題。這樣的生態環境與苯教宣導的靈魂永生的觀念相結合，使人們對長壽充滿了無限的渴望。他們總是希望自己一輩子能遠離疾病，於是形成了按疾病、年齡來區分死亡的方式。

（三）苯教信仰指導下的傳統葬式

葬式分類與三岩人對死亡的認識有很大的聯繫。在三岩人的傳統葬式中，對於那些可預見的死亡，如果是患病或者老死的一般實行傳統的土葬，如果是為了帕措利益打架而死的一般實行火葬。不可預見的死亡又分為未成年人的死亡與成年人的死亡，對未成年人的死亡實行樹葬，對成年人的死亡一般實行水葬。（見表 4-1）

---

21 訪談時間：2012年11月。

表 4-1　苯教信仰指導下的死亡與葬式分類

死亡類型	死亡原因	葬式	評析
可預見的死亡	長壽老死	土葬	很好
	為帕措利益而死	火葬	較好
	中年病死	土葬	一般
不可預見的死亡	摔死、暴斃	水葬	較差
	未成年人死亡	樹葬	—

1 土葬：流行的葬式

　　土葬在三岩非常普遍。過去人死了以後一般實行土葬，請阿尼來算命，不需要推算葬式，只是推算出殯時間而已。三岩的土葬一般需要使用棺材殮屍。棺材是用青岡木製成的，高 90 公分，長度與寬度約 50 公分。殮屍時人們先將棺材上面的木板抽出，將死者捆成屈蹲狀放入棺木後用繩子把棺材四周纏繞拉緊打結。下葬時將木棺放入土坑後再將繩子解開，然後填土起墳即可。

　　在三岩人的觀念裏面，墳場是令人恐懼的場所，一旦屍體被送到那裏，則必須盡力安頓好，否則它會帶著屍毒回家騷擾家裏人。因此，墳場的選址是非常重要的，一個好的墳場可以讓鬼魂安靜生活，而差的墳場經常會導致村裏發生各種各樣的怪事，如犛牛無辜跌下山崖、豬發瘟死亡、青稞遭到破壞等。臺西寺的白洛活佛說：

　　　　背陽的小山坡比較適合做墳場，因為鬼魂比較喜歡陰冷潮濕的
　　　　地方。墳場周邊的地勢應西高東低，最好北面或者南面有樹林
　　　　或水流，它們不但對靈魂的安息有幫助，而且樹木、水流還可

以養魂，便於日後靈魂健康轉世。[22]

　　白洛活佛對土葬選址的解釋雖然提到了「轉世」的功能，但這種「轉世」是以「養魂」為前提的，體現了苯教靈魂復活的鮮明色彩。三岩的墳場很多，但是每個墳場所起的功能都不相同。概括起來，當地的墳場有四種：

　　小孩的墳場。沙東鄉一個叫絮瑪的墳場就是專門用來埋葬小孩的。這個墳場位於距沙東鄉約 1,000 公尺處，泥土為金沙江河水的沖積土。墳場的北面約 10 公尺處有一條不知名的小溪，東面、南面是一片小樹林，樹種大多是青岡樹，西面是一望無際的莊稼地。墳場呈半月形，佔地面積約為 56 平方公尺。墳場裏面沒有「墳墓」，因為人們到這個墳場來埋葬死者時都不建土包，只是簡單掩埋以後用土將坑口填平即可。墳場四周散落著許多靈符和糖果，大概是人們送孩子到這個地方掩埋時作為給孩子的禮物。

　　成年人的墳場。以孔卡墳場為例。該墳場位於雄松鄉夏雅村西面約 1,000 公尺的那日寺附近，四周全是桃樹，墳場呈長方形，佔地面積 120 平方公尺。這個墳場主要用來埋葬 60 歲（也有 70 歲之說）以下的死者，由於這些死者在殮屍的時候用籮筐或者藏式棺材，所以挖的穴比較深，但是填墳以後不用泥土起墳堆，而是用亂石：將幾個大小不一的石頭放在埋葬死者的地方疊起來，高度約 20 公分。亂石堆旁邊豎起帳篷狀的「小房」，當地人稱之為「覺多」。「覺多」是用布製成的，顏

---

22 採訪時間：2012年11月。

色有紅、藍、白三種，高度為 1 公尺左右，面積為 2 平方公尺左右，裏面放著死者生前所穿過的衣服、用過的毛毯甚至碗筷等。當地人說，「覺多」是專給死者的靈魂準備的。據說這裏的靈魂有時候會從墳墓裏面出來前往陽世，走累了，他們經常在「覺多」休息。

老年人的墳場。在山岩鄉劣巴村東面約 2,000 公尺的芡卡山半山腰有一處專埋老年人的墳場。墳場呈橢圓形，長直徑為 10 公尺，面積約 78.5 平方公尺。此地泥土為水成土，土質較鬆軟。在這個地方埋葬死者以後會用泥土堆起一個約 30 公分高的墳堆，然後將瑪尼竿插在墳堆頂上，瑪尼竿上掛著經幡與龍達等，墳堆旁邊還散落著一些石片，上面刻著「六字真言」。

僧侶的墳場。在三岩，還有些墳場是專門用來埋葬僧侶或者亦僧亦俗的死者的。比如，木協鄉一個叫「渡隆棲」的地方就有一座這樣的墳場。「渡隆棲」，意為墓葬圈，整個墳場佔地面積約 75 平方公尺。據當地的老百姓說，它已經有幾百年的歷史，是麻貢寺的堪布開創的。他在臨終前留下遺囑要求土葬，因此開創了這個墳地，後來逐漸成為附近一帶有名的墳地，不少僧侶死後都埋葬在這裏。在此地埋葬死者以後不起墳堆，而是用土填平整成平地，並由僧侶們在上面栽樹種草。

分析這四處墳場，可以明顯看出：第一，土葬是三岩當地最普遍的一種葬式，它的覆蓋範圍涉及僧俗兩界。第二，從小孩、成年人到老年人的墳場，其佛教色彩逐漸變濃。例如，小孩的墳墓多撒著治病抓鬼的靈符，成年人的墳地多放著「覺多」並畫有苯教的神，而老年人的墳場多撒著刻上「六字真言」經文的石片。田野調查中也發現，平常念經、轉經最勤快的也是那些上了年紀的人。第三，儘管人們在

土葬過程中也會念經，但是土葬的核心內涵卻是苯教的，其中藏傳佛教普通僧侶實行土葬是苯教「含括」佛教的體現。臺西寺的白洛活佛對土葬的解釋也鮮明地體現了這種思想。他說：

> 火葬不一定好，因為焚屍時濃煙四散，會燒死空氣中的很多蟲，而且與佛寺的淨土聖地不符。土葬可以將軀體喂蟲子，也是一種捨身利他的行為。土葬以後，有一個靈魂是專門轉世的。[23]

按照佛教教義，藏族人之所以不願意土葬是擔心屍體生蛆，當這些蛆吃完了死者身上的肉以後會餓死，導致死者增添罪孽，使其靈魂掉入十八層地獄而難以轉世。但是，在三岩，佛教傳入以後面對強大的苯教包圍時，也會向苯教做出妥協而接納苯教所宣導的葬式，但又以佛教捨身利他的教義對此行為進行辯解。

2 火葬：勇敢的象徵

（1）火葬與帕措文化

三岩當地的生態環境惡劣、資源緊張、糧食缺乏，人們要想在這樣的環境中生存就必須解決糧食稀缺的問題，唯有依靠帕措集團以武力對資源展開爭奪，三岩也因此發展了一套打、偷、搶的帕措文化。依靠帕措組織生活的三岩人要想受到別人的尊重只有一種方式，那就是能打。相反，那些膽小怕事的人不受帕措的人歡迎。打架、鬥毆就免不了死亡，而三岩的火葬主要針對那些為了帕措利益打架、鬥毆等而死於刀口或槍口下的死者。由於三岩人長期生活在刀光劍影之中，

---

23 採訪時間：2012年11月。

對於這種死亡也司空見慣，因此當地人對這種死亡的評價比較好。格桑老人告訴筆者：

> 為了帕措的利益與別人打架、鬥毆而導致死亡雖然比不上正常的老死，但總的來說，這種死亡是一種比較好的死亡。我們三岩人習慣動刀，因此打架被砍死的大家都見怪不怪了。這種死在帕措看來是比較光榮的，死者的靈魂不會進地獄。[24]

當一個人為了帕措的利益被打死時，他所在的帕措就開始著手辦理他的後事了。由於這個人是為了整個帕措利益而犧牲的，帕措成員會視他為英雄。在辦喪事的時候，如果這個人的家庭出不起錢，那麼他的喪事由整個帕措每家每戶平攤。如果打死人，兩個帕措經過談判確定了賠償金額的，那麼打死人的一方會召集本帕措的每家每戶湊錢支付給死人的一方；而死了人的一方拿到錢以後會將大部分錢給死者的家庭，留下一小部分作為辦喪事的花費。帕措內部秉承「有錢出錢、有力出力」的原則，盡可能把他的喪事辦得風光一些，以體現帕措的團結。家住在沙東鄉蓋果村的絮其就向筆者講述了一個發生在 8 年前的事件，沙東鄉蓋果村兩個帕措因為爭奪草場發生大規模的械鬥而引發死亡：

> 8 年前，我們兩個帕措打架是因為對方的牛越界過來吃我們的莊稼，我們就把他們的牛抓了起來，他們就來了幾個人把牛搶回去，還把我們的人打了。我們咽不下這口氣，就糾集本帕措的人一起去報仇。結果我們帕措有一個人被對方打成重傷了，

---

24 採訪時間：2012年11月。

後來我們把他送回家裏，但很快他就死了。我知道他死亡以後，就帶了 50 斤糌粑、10 斤酥油、30 斤白酒去他家慰問。我們這邊的風俗是平常死人不用帶那麼多慰問品的，只需要 23 斤包穀就可以了。但是那一次比較特別，他是為我們的利益而死的，所以就多帶一些慰問品去。我到他家的時候，整個帕措的人都來了，有些人帶了 100 斤糌粑向他家人慰問。人們圍著屋子議論紛紛，都為他的死感到可惜，但是大家也從心裏感激他，大家都說他就是我們帕措的英雄，也紛紛表示舉辦完葬禮後商量復仇。我當時幫他捆縛屍體，守在他的屍體旁三天三夜，基本上圍著屍體睡。最後我們把他的屍體抬到火葬場。這些活我全都做了，我很敬佩他，也想向他表達一份關心。[25]

　　三岩的火葬被帕措視為一種比較高級的葬式，操作嚴格遵守一套程序。在選定火葬的地點以後，人們需要用白石子把場地圈起來。據說這樣做能夠有效地保護死者的靈魂，使它快速昇天。筆者分析，這種觀念可能是古羌人白石崇拜觀念的遺留。據說，古羌人在南遷的過程中，曾受當地的土著戈基人的圍攻幾乎瀕臨滅絕，最後在天神的啟示下，拿起白石做武器對戈基人展開大反攻才打敗了對方，從此過上安居樂業的生活。[26]圈好火葬點以後，人們便架起橫豎交錯的木柴，再將捆成胎兒狀的屍體放到木柴上，由喇嘛推算專門的人為其點火。整個火葬過程中，喇嘛帶領帕措成員圍著屍體而坐，對死者念經超度，帕措的成員還要一邊向屍體添加柴火一邊撒青稞、大麥、乳酪、雜豆等。據說這些食物是用來孝敬天神的，同時也可供死者食用。火葬結束以後，死者的親屬要在第二天去撿骨灰並進行專門的處理。

---

25 採訪時間：2012年11月。

26 參見《羌族詞典》編委會：《羌族詞典》（成都市：巴蜀書社，2004年），頁382。

（2）火葬的限制條件

　　在三岩，火葬並不常見，它是專門用於那些死於刀槍之下的人的。除此之外，還必須考慮三岩地區的生態條件和季節因素。

　　在生態方面，三岩植被茂盛，當地分佈著廣泛的樹林，為三岩火葬提供了充足的木柴。三岩境內有大型的原始森林，是西南唯一保存完整的高山原始林區。森林植物種類繁多，群落組成複雜，受自然條件垂直變化的影響，植物的分佈也出現垂直變化。海拔 3,400 公尺以下多為山地針闊混交林。在金沙江河谷和木協、雄松、羅麥等區域河谷一帶，樹木主要有鐵杉、油松、雲南松、槭、樺等；草本植物以早熟禾屬、野青茅、刺芒野古草、須芒草、黑穗畫眉草等禾本科及其它林間草被為主。海拔 3,400 至 4,200 公尺的地帶是高山針葉林帶，表現為針葉林多與亞高山草甸交錯分佈，主要樹種為鱗皮冷杉、紫果雲杉、高山櫟等，與灌木林地鑲嵌分佈於草甸和灌叢草甸之間。[27]三岩樹多，這可以與三岩人蓋房子所用的木料相互印證。在三岩，每個鄉都專門設有林業辦，負責核定每個人每年能夠免費砍伐的樹木數量。

　　雖然三岩不缺木柴，但是並不等於所有的木柴都適合用於火葬。事實上，人們在火葬的時候對木柴還是有選擇的。在三岩，人們喜歡用松木、青岡木做火葬燃料。特別是松木，由於它會流出一種乳黃色的油脂，非常易燃，一根如手臂粗的松木，只需要用火柴點一下有油脂的地方就輕易燃燒起來。顯然，松木已經被人們賦予了宗教學上的意義。比如，人們對選用松木的解釋就是因為松樹的葉子經常在燒香朝佛的時候用到，它們燃燒時會散發出一種清香，神仙聞到這種氣味以後會很高興。至於人們喜歡選擇青岡木作為火葬的燃料，當地人解

27　參見西藏自治區貢覺縣地方志編纂委員會：《貢覺縣志》（成都市：巴蜀書社，2010年），頁46。

釋那是因為青岡木耐燒的緣故。比如，一根手臂粗的長約 30 公分的曬乾的松木可以燃燒 20 分鐘，但同樣條件下的青岡木燃燒時間是它的 2 倍。如此一來，萬物生長到秋葉落下這段時間就限制了三岩的火葬，因為這個季節松樹與青岡樹一般都含有水分，很潮濕，不能立即用來生火。即使勉強點燃了，也會冒出烏黑的濃煙。三岩人將此歸結於宗教的原因，擔心這些煙霧會熏死昆蟲，激怒天神降冰雹打壞莊稼。因此，當一個人夏季因打架而死，人們通常會採取保留屍體的做法，以一定的防腐技術對屍體進行處理，然後裝入一個木箱裏面，放在家裏的某個角落，等夏季過了以後再選擇一個合適的日子將其火葬。如果此期間遇到本帕措還有人死亡的，火葬時不分彼此，可以將兩具以上的屍體同時放在一起火葬。

（3）火葬：天神崇拜的信念

考察三岩的火葬，雖然目前它已經滲透了佛教的教義，但是筆者認為其本質核心是薩滿信仰的天神崇拜。這種推論來源於以下三大證據：首先，火葬的對象是那些為了帕措的利益鬥毆而死的人，就老百姓對其評價是「光榮的」這一點來看，它無疑符合古羌人「以戰死為榮，病終為不祥」[28]的思想。其次，古羌人在天神崇拜的觀念下發展的火葬在三岩的火葬中仍有保留。譬如，火葬時往死者身上扔青稞、大麥等食物，其目的是敬奉天神和死者，很明顯，它蘊含了死者靈魂與天神同在的隱喻；而火葬時避開夏天另一個最重要的原因是害怕天神發怒而降禍於人類，這也是天神崇拜的反映。最後，火葬在三岩是帕措強化身份認同的一種手段，這種手段與當今川西北一些羌寨的情況類似。在三岩，同一個帕措的人員死後可以一起抬到火葬場進行火

---

28 〔南朝・宋〕范曄：《後漢書》卷87（北京市：中華書局，1986年）。

葬，而不同帕措的成員死後絕不能一起火葬。火葬有固定地點，即火葬場，分為宗族火墳場、村寨火墳場和火葬坪。宗族火墳場是按各家族設立火墳場地，一般用石砌圍而成，有碑記載宗族姓氏及始建年月等，專供本族人使用，僅限本族人進入；村寨火墳場凡本寨人死後均可入內；火葬坪無火墳，人死焚後不撿骨灰。[29]這些做法無非是通過火葬這種特殊的喪葬方式強化同一骨係的血統。雖然金沙江兩岸的三岩人是藏族而非羌族，但是藏族與羌族的族源中皆有一支來自於古羌。[30]這一點是毋庸置疑的。

3 水葬：低賤的代名詞

（1）水葬的對象

在三岩的「地方性知識」體系中，水葬經常用來葬那些自殺死亡或者意外摔死的人，尤其是用來葬那些因難產而死的孕婦。其實，這種情況我們在許多民族那裏也有發現。例如，在我國臺灣地區排灣人的觀念中，「難產死亡的產婦被比喻為『像粉狀的米糠』，視同廢物，尤其是當嬰兒尚未脫離母體產婦已告死亡的情形。若嬰兒已脫離母體，則產婦之死可以一般室內葬方法行祭；反之，則家中成員必須棄家屋而去，不可帶走任何一件東西，因恐物品被死靈污染；產婦屍體亦將被棄置於村外」[31]。

三岩的水葬程序比較簡單：家裏有人去世以後打算對其實行水葬的，家屬會刻意把喪事辦得低調一些，下葬的速度比較快。例如，當天去世，可能第二天就下葬了，省去了長長的念經、守屍等環節。之

---

29 參見《羌族詞典》編委會：《羌族詞典》（成都市：巴蜀書社2004年），頁384。

30 參見石碩：《西藏文明東向發展史》（成都市：四川人民出版社，1994年），頁45。

31 許功明：〈排灣族古樓村喪葬制度之變遷：兼論人的觀念〉，黃應貴主編：《人觀、意義與社會》（臺北市：中央研究院民族學研究所，1993年），頁403-404。

所以省去這些環節，是因為人們認為這種死亡不潔，具有非常強的污染性，它可能會像傳染病一樣把這些晦氣傳染給那些前來弔唁的人。通常情況下，在殮屍之前，人們也不會替死者洗屍，僅以死者平常睡的一張毛毯將屍體包裹後放入籮筐中就抬往水葬點。到了河流高處，眾人將屍體從籮筐中移出，舉起屍體往河裏投擲，屍體瞬間就被沖走了，水葬便結束了。在這個過程中，個別家屬也會請喇嘛來幫助念經。

三岩擁有豐富的水資源，金沙江作為四川與西藏的界河，在境內流程 181 公里，貫穿三岩全境。以三岩東岸的白玉縣為例，其一級支流──降曲河全長約 40 公里，由西北向東南流淌，穿過薩瑪鄉和蓋玉鄉，水流急，落差大，約為每公里 10 公尺。河水的補給主要來源於高山融雪與地下水。每年夏季，高山上的冰雪融化，順著山間往下衝入河流，使河裏的水冰冷刺骨；而進入雨季以後，天天下雨，河床迅速抬高，水位跟著升高，流量大增，極易沖走屍體。入冬以後，三岩境內所有金沙江支流的水位都會下降，水流量同時減少，無法迅速沖走一具成年人的屍體，這時候若要進行水葬，必須在死者的屍體上綁一塊重幾十斤的石頭，然後把屍體連同石頭一起扔到河裏。

（2）水葬：毀滅之象徵

儘管三岩有豐富的水資源，但不等於凡是有水的地方都可以實行水葬，除了前面所講的必須具備足夠大的水流量與足夠高的水位以外，一個水葬點的風水也是至關重要的。只要仔細觀察那些適合做水葬點的地方的河水流動情況，皆可發現它們有大大小小的漩渦，而且很多時候這種漩渦狀都呈現逆時針而非順時針，類似於雍仲的「卍」符號。眾所週知，雍仲的「卍」符號與佛教的「卐」符號剛好是相反的。前者是朝逆時針方向旋轉，而後者是朝順時針方向旋轉。那麼，人們為什麼要選擇漩渦狀的流水處理這些屍體呢？對此，不同的報導

人給出了不同的解釋。一些人認為，把屍體葬在那些漩渦狀的流水中有利於加速死者靈魂的轉世。還有一些老百姓認為，那樣做可以使家裏的財富不外流。他們的解釋是，漩渦狀的水流就像把外面的許多金銀珠寶捲入自己的家中一般。筆者相信，持這種解釋的老百姓多是受佛教教義影響比較深的佛教徒。例如，73 歲的阿尼容尼告訴筆者：

> 自殺、摔死、產婦難產而死是他們得罪魯神的結果，這種神住在水裏面，它能導致你患傳染病。比如，一個人的皮膚潰爛就是因為你得罪它，它往人的身上下藥的結果。這種死亡肯定是一種不好的死亡，死者的身體不乾淨，因此親屬不願意給死者洗屍，只能把屍體丟在有漩渦的地方，漩渦狀的水流只會促使死者的靈魂走向毀滅，這樣能夠有效地把一切傳染源和人類生活的地方隔離起來。因此，水葬點比墳場還恐怖，因為葬在那裏的死者都比較髒，死後都會成為厲鬼。[32]

　　為什麼佛教徒的解釋和阿尼的解釋如此不同，甚至完全相反呢？這個問題我們在下文再行討論。[33] 事實上，在三岩，大多數的老百姓認為水葬所針對的屍體是由於自殺、摔倒而死的人，這是一種非常差的死亡，因此，死者的屍體在老百姓的觀念中總是不乾淨的。這種觀念與臺灣地區的排灣人相似，在排灣人的死亡觀念中，凡蓄意或過失致死的為非常嚴重的惡死狀況，女巫無法干涉或行祭儀彌補。人們認為，此類死者之魂終將成為惡靈或邪神而危害人間，即使家屬為其獻

---

32 採訪時間：2012年11月。

33 筆者認為，兩種矛盾的解釋大致可以反映三岩人的宗教信仰，即他們秉承的復合信仰有佛高於苯的時候，也有苯高於佛的時候（詳見本章第四節的討論）。

祭仍無法使之避免成為飄浮不定的壞祖先。[34]

　　學術界普遍認為雍仲符號出現於藏族文化中的最早材料是岩畫，其在藏族文化中所具有的寓意是「永恆不變」、「堅固不摧」、「吉祥萬德」等。這種寓意在較早時期（而不是最初）源自「雍仲苯教」，始於距今 2,000 年之前。[35]但是，向左與向右旋轉所代表的文化內涵完全不同，「右旋者為善神象鼻天的象徵符號，代表陽性本原，代表著在白天從東至西運行的太陽，並且是光明、生命、榮耀的標誌」，而左旋者「乃是女神時母的象徵符號，它代表著陰性本原，代表著在黑夜從西至東在地下世界運行的太陽，並且是黑暗、死亡、毀滅的象徵」[36]。就三岩的水葬選址來說，選擇那些往左旋轉的水漩渦是有一定含義的，從這一點來看，三岩水葬體現的核心信仰仍然是苯教信仰。

4 樹葬：未成年人的復活之禮

（1）死亡與「迷信」

　　三岩地處深山峽谷，當地生存條件惡劣、衛生條件差，相比其它地方，人們的健康更易受威脅，壽命也比其它地方短，尤其是那些未成年的孩子。一份來自當地衛生防疫站的統計資料顯示，在 2011 年共有 24 個嬰兒出生，但是這一年中死亡的就有 6 人，死亡率達到 1/4，可見死亡的比例是比較高的。在當地，稍微有點醫學常識的人都將其原因歸於三岩人的「迷信」。那麼，這種所謂的「迷信」是什麼呢？在田野調查期間，筆者找到以下個案：

---

34 參見許功明：〈排灣族古樓村喪葬制度之變遷：兼論人的觀念〉，黃應貴：《人觀、意義與社會》，「中央研究院」民族學研究所1993年，頁403。

35 參見夏格旺堆：〈白倫‧占堆「雍仲」符號文化現象散論〉，《西藏研究》2002年第6期。

36 熊文彬：〈白居寺壁畫風格的淵源與形成〉，《中國藏學》1995年第1期。

6 歲的阿追是雄松鄉夏雅村人。5 月的一天，他突然感覺到肚子痛，接著發低燒，連續拉了三天肚子，精神恍惚。他的父母第一反應就是認為阿追的靈魂丟了。由於當地人有人的靈魂在頭髮一說，阿追的父母更是將阿追的病情與頭髮聯繫起來。他們認為，前段時間幫他剪髮的時候，那些剪下來的頭髮沒有保存好，可能被來串門的人拿走了，找回靈魂的方法就是到親戚朋友家「偷」別人的一根頭髮或者從其它動物身上剪一些毛回來塞到阿追的床底下，但是這項工作只能由他的父親來做，並且不能讓別人知道。

在鄉衛生院不少幹事看來，阿追父親的這些做法就是一種迷信。但在現實生活中，當宗教信仰無法有效保護孩子的成長時，巫術手段也會層出不窮。巫術與宗教最大的不同在於它更加強調人類的主觀能動性，它是人類面對變幻莫測的大自然時試圖以同類聯想的方式控制自然界的一種嘗試。

三岩的巫術與苯教信仰密切相關，三岩人把 13 這個數字作為成年人與未成年人的分界線就是一個明證。與金沙江入口的玉樹一樣，在三岩，孩子到了 13 歲以後也會舉行成年禮——給孩子佩刀。在三岩人看來，13 與 1 等同，因為它是十二生肖新一輪開始的第一個數字，很關鍵，孩子到了這個年齡剛好發育完整，在這個嶄新的時刻，他開始接受一切新鮮事物，天神也最願意在這個時候將光輝的智慧傳授於他們沒有受污染的心靈。如果一個未滿 13 歲的孩子夭折，一般要實行樹葬。

（2）樹葬的程序

未成年的孩子夭折以後，家長會用酥油將死者的手掌點紅。據報

導人說，13 歲以下的孩子死亡是偷生鬼造成的，人們在死去的孩子手掌上點紅點是為了方便偷生鬼辨認屍體，當他鑽入這個屍體以後，就不會再對其它活著的孩子造成傷害。家屬在替死去的孩子做完上述事情以後，就開始殮屍了——把死者的雙手交叉放置於胸前，雙膝靠攏卷成胎兒狀塞進一個長寬均為 0.8 公尺的正方形木箱或者竹籮筐裏，有些家庭還會往木箱裏塞一些孩子生前喜歡吃的糖果、穿過的衣服或者用過的棉絮等。

裝好屍體後，人們根據喇嘛打卦的時間把屍體抬往樹葬點。三岩的樹葬點大多在靠近金沙江的一些支流的小樹林裏面，這些點都是當地的喇嘛通過觀察地形後選擇出來的。就這些小樹林的樹種而言，山岩鄉大多以松樹為主，而剋日鄉以青岡樹為主。雖然樹種不同，但是選擇的聖樹都有一個共同的特點，那就是以樹枝筆直、樹幹粗壯為好。筆者在田野調查中瞭解到，這些類型的樹主幹直徑有 12 公尺，普遍高 10 公尺左右，中間長出許多和枝葉，其分枝長度與主幹長度相當，主乾和分枝還長出許多根須，垂弔到地面上。樹冠猶如一頂大傘展開，樹幹長滿了很多樹瘤，借著這些樹瘤可以輕而易舉地攀爬。但是，並不是每一棵這樣的樹都可以做聖樹，這與它所處的地理位置有密切關係，其中蘊含著生命重生的豐富意義。

譬如，在山岩劣巴村西面約 8 公里處有一個叫若佔的地方有一片小樹林，其中兩條小河交錯而流，在河水的交匯處，流速平緩，水深 1 公尺左右，清澈見底。當地人認為，岸邊那些樹之所以長得粗就是因為吸收了充足的水分。在兩條河流交匯處生長的那些樹或者在十字路口交錯地方的那些樹比較適合做聖樹。因為河水交匯之處往往聚集有風、土、水，一個屬火的孩子葬在這裏，就結合了自然界中的風、土、水、火四大要素，那麼他的靈魂就能快速轉世成人，來世像樹一樣茁壯成長。而十字路口有助於考驗死者的靈魂，在他去陰間之前做

出正確的選擇，當他的靈魂再一次復活返回人間，以後就不會誤入歧途，且能夠成大器。

　　屍體到達樹葬點以後，就要開始掛棺，面向無疑是最重要的。報導人告訴筆者，向東方最好，因為那是太陽升起的地方，可以迅速驅散陰氣，這樣他轉世也會快一些。但是，不是每個孩子都適合朝東的，這主要看孩子的生肖和死亡時間與哪個方位吻合。如果不能向東，那麼也要儘量使其棺木朝向河流或者有白石的地方，那樣也有利於他們轉世。掛棺過程中人們最忌諱的是把一根還沒有乾枯的樹枝折斷，這意味著家裏還會有人死亡，因為每一根樹枝代表一個有氣息的人，如果人為把它折斷了就意味著家裏有人會在不久的將來死亡。掛棺主要有兩種方式：第一種是捆綁式掛棺，即將裝有屍體的木棺或者竹籮筐緊貼大樹的分枝，然後用牛皮繩或者鐵絲纏繞木棺與樹枝幾圈，最後打死結即可；第二種是懸掛式掛棺，即先用鐵絲或者牛皮繩將木棺或者竹籮筐纏繞幾圈，然後向上拉起，將多餘的部分打死結，最後懸掛在大樹的分枝上。如果是冬天，樹的葉子全部落下後，僅看到一個個懸掛的小木棺，就像樹枝結出的果實一般。這種情況與廣西大瑤山的瑤族對夭折孩子實行的掛葬不同。在廣西金秀大瑤山茶山瑤族看來，剛出生即死亡的嬰兒，其靈魂將回到花婆神（即兒童保護神）處，等待第二次投胎轉世。屍體不朽，靈魂就不能離體，故用破絮、破衣包裹屍體，置於竹筐內，掛於林中，促屍體速腐，靈魂速離此身軀，快轉來世。[37]很明顯，廣西金秀大瑤山的掛葬包含了更多的佛教信仰，體現了屍體消失與靈魂轉世的關係。三岩的樹葬雖然也體現了銷毀屍體的特徵，但是如果人為地將屍體毀壞並不是好事，它預示著這個家庭會倒大黴。因此，三岩人也會利用這種思想實行一項巫

37　參見鄭傳寅、張建：《中國民俗詞典》（武漢市：湖北辭書出版社，1985年）頁422。

術活動：如果兩個家庭有仇，當一個家庭的孩子死亡實行樹葬以後，仇家會拿木棍偷偷地到樹底下把對方的木棺捅下來，企圖使這個家庭斷子絕孫。

（3）樹葬[38]：苯教信仰

從三岩樹葬的整個程序來看，有一個細節特別值得注意，它是我們理解三岩樹葬核心的突破口，即三岩地區的樹葬在綁縛棺木的時候可以用鐵絲，甚至一些棺木還使用了鐵釘。這一點從藏傳佛教不殺生的觀念看來是不可思議的，它絕不是「在後工業時代人們為了實際的便利，也會部分地放棄一些傳統的宗教理念」[39]的行為，而是苯教信仰的體現。據《北史》記載，蘇毗貴人就有用鐵器做棺材的習慣。[40]苯教信仰也一直有「弓箭為欄，上祭天神，下祭水神，中祭厲神」[41]的說法。因此，鐵絲、鐵釘這種具有殺傷性的武器不但不在忌諱之外，而且還是喪葬中的主要工具。而從苯教與 13 這個數字的關係來看，樹葬體現的也是苯教信仰。衛藏地區有關苯教的起源傳說是這樣的：「在西藏第一代贊普聶赤贊布以後六代的赤德贊普（即思赤贊普）時，衛部翁雪紋有辛氏家族一童子，13 歲時被鬼牽引，遺跡藏地 13 年，於 26 歲時返世人中間。這時，他對人們說，什麼什麼地方，有什麼什麼鬼神，能作如何如何的祝福。他還對人們說，只要對鬼神進

---

38 本部分內容筆者先前已在期刊公開發表（參見葉遠飄：〈川滇藏峽地的樹葬比較研究——以奔子欄和三岩為例〉，《中國藏學》2013年第1期）。

39 嶽小國：〈從喪葬習俗看藏族地方社會的歷史及文化——以四川甘孜藏族自治州山岩樹葬為例〉，《北方民族大學學報》2009年第3期。

40 參見〔唐〕李延壽《北史》卷96（北京市：中華書局，1974年）。

41 雲南省中甸縣地方志編纂委員會編纂：《中甸縣志》（昆明市：雲南民族出版社，1997年），頁227。

行供祀、禳祓、祭送，便可得到鬼神的保祐。」[42]三岩人為什麼要對未成年人實行樹葬呢？當地流傳著三種說法：

> 第一種說法認為，樹葬可以防止偷生鬼投胎。孩子的腦袋是空的，他們沒有靈魂，陰間的那些偷生鬼就是趁著人還沒有靈魂的時候鑽入其腦袋裏。由於這個孩子的身體長期被偷生鬼的靈魂佔據，其真正的靈魂就沒有地方成長，而當偷生鬼的靈魂暫時離開這個孩子的時候，他就會死亡。人們用酥油給屍體雙掌點紅點是為了方便偷生鬼辨認出來，因為它已經習慣了這個孩子的身體，會再次回來找他。如果找不到，它就知道是孩子的母親將孩子藏起來了，它就會鑽進母親的肚子裏，等待母親再次懷孕的時候，順利鑽到下一胎嬰兒的腦袋中。把屍體掛在聖樹上的目的就是讓偷生鬼在樹上下不來，從此不能再作惡。
>
> 第二種說法認為，自然界由風、土、水、火四種物質組成，風最大，因為風可以刮走泥土、掀起暴雨、吹滅火苗。人的生命來自於風，樹葬就是風葬，孩子死亡實行樹葬就是把他送還風神，與風神交換，乞求風神再交給人們一個成熟的生命。如果實行像成年人那樣的葬法，風神得不到（屍體）不高興，它就不會再讓人類懷孕，人口就會減少，而且莊稼也得不到好的收成。
>
> 第三種說法認為，孩子沒有成年，靈魂像氣體一樣，只能停留在樹上，這樣有利於投胎，盡快脫離六道輪迴，來世像樹一樣茁壯成長。

---

42 善慧法日著，劉立千譯：《宗教流派鏡史》（油印本）（蘭州市：西北民族學院研究室，1980年），頁186。

以上三種說法中，第一種說法最流行，其認為的「鬼魂可以鑽進孩子的腦袋或者母親的肚子」顯然是一種巫術的說法。但是，與古老的巫術相比，三岩的巫術又明顯融入了佛教的思想。例如，偷生鬼的靈魂在屍體裏面，為了避免褻瀆神靈，出殯時間應選擇在天沒有亮之前。可見，在三岩人的觀念中，鬼似乎比神還要厲害，神拿鬼沒有辦法，只能靠喇嘛選擇的聖樹摔死偷生鬼，佛祖似乎成為巫術制敵時所借用的一種工具。

第二種說法認為的「把孩子送給風神，否則影響莊稼收成」也帶有巫術的成分，這種說法與隋朝之前在金沙江峽谷地區活動的蘇毗人所舉行的一種「以人祭樹神」的巫術活動似乎很接近。據《隋書・女國傳》記載，蘇毗「俗事阿修羅神，又有神樹，歲初以人祭，或用獼猴。祭畢，入山祝之，⋯⋯有粟則年豐，沙石則有災」。據考證，蘇毗地界在今西藏昌都與青海玉樹相連的區域。在吐蕃東擴過程中，「玉樹則被列為以貝嘉德十二部為主力的中勇部（軍區），擔負南攻南詔、東下洮湟河隴之責任，而玉樹居民蘇毗人等成為組成吐蕃軍隊的主要人員」[43]。顯然，歷史上蘇毗人順著金沙江峽谷由北往南遷徙。

第三種說法表現的也是薩滿的信仰類，因為類似的信仰在我國流行薩滿信仰的東北很普遍。例如，赫哲族認為人有三魂，分別是生命魂（奧任）、思想魂（哈尼）和轉生魂（法揚庫）。其中轉生魂的作用是轉生：好人死後仍變為人，父子互相更替不絕；次者則變為家畜；惡人則變為蒿子稈上的疙瘩，永遠不得再投胎為人。[44]三岩的樹葬也體現了這種價值取向。其中父與子可以相互更替是很重要的，因為三岩的帕措社會就是以父系為繼嗣原則的。女性被認為如男人的衣服一

---

43 周希武著，吳均校釋：《玉樹調查記》（西寧市：青海人民出版社，1986年），頁1。
44 參見淩純聲：《松花江下游的赫哲族》（上海市：上海文藝出版社，1990年），頁102-103。

般，只是一種附屬物；男性是一個家庭甚至一個帕措的核心力量，不但起到保護帕措的作用，也是帕措人口不斷繁衍的重要力量。三岩的樹葬體現一定的佛教信仰，其中的轉世輪迴就是明證，但是這種思想比較淡。或許當兩種信仰結在一起時，它才顯示出三岩地方巫術與佛教思想融合時所體現的強大張力。

二　三岩紅教與新興的天葬

（一）三岩紅教的傳播狀況

　　紅教即所謂的藏傳佛教寧瑪派，這個派別是藏傳佛教後弘期形成的最早的一支教派。在藏語的發音裏面，「寧瑪」是「古」和「舊」的意思，因該派僧徒在修法過程中常戴紅帽，俗稱「紅教」。據《貢覺縣志》記載，寧瑪派傳入三岩的時間約為公元 12 世紀 70 年代，它開創了三岩佛教的歷史。[45] 目前，一江兩岸的三岩區域共有 25 個藏傳佛教寧瑪派寺廟：其中金沙江東岸的山岩鄉有尼更寺；金沙江西岸的木協鄉有麻貢寺、日朗寺、江村寺和曲持寺，雄松鄉有巴日寺、噶舉寺以及朗日寺，敏都鄉有臺西寺、根沙寺和紮瑪寺，沙東鄉有拉多寺、貢嘎寺、朗措寺以及仁青寺，羅麥鄉有達松寺、亞青寺、羅根寺、列根寺以及果根寺，剋日鄉有卡洪寺、多卡寺、莫卡寺、牛卡寺以及西德寺。

　　三岩歷史上的藏傳佛教寺院是否是紅教一枝獨秀呢？在有關三岩歷史寺院的記載中，清末的劉贊廷寫道：

---

45 參見西藏自治區貢覺縣地方志編纂委員會：《貢覺縣志》，（成都市：巴蜀書社，2010年），頁743。

> 白日根寺在本城,黃教喇嘛一人;南格寺在南格村,紅教喇嘛
> 五十餘人;色熱寺在宗巴村,紅教喇嘛六十餘人;察拉寺距城
> 東南二百里,黃教喇嘛四百餘人;郭覺卓貞在堆達村,女尼五
> 十餘人……俄熱寺在亞巴村,黃教喇嘛二十餘人。[46]

　　以上資料中的紅教所指的是藏傳佛教的寧瑪派,黃教指的正是藏
傳佛教格魯派。但事實上劉贊廷筆下的「三岩」範圍比今天的「三
岩」範圍要廣,所以這則文獻並不是三岩核心區域宗教情況的真實記
錄。譬如,他所記載的 3 個黃教寺院都不在今天三岩的核心範圍內,
其中俄熱寺位於今四川省石渠縣蒙宜鄉蒙格村;察拉寺位於今芒康縣;
至於白日根寺,劉氏說它在「本城」,而「本城據西康之中央」[47],那
麼可以推斷出這個黃教寺廟位於今天四川省巴塘縣。據當地的藏傳佛
教僧人和老百姓的說法,三岩在歷史上一直就有紅教,從來沒有黃
教。[48]

　　寧瑪派傳入三岩以後,對三岩人的信仰產生了較大的影響,使三
岩人過的許多節日都沾上佛教的內容。譬如,人們不管是慶豐收還是
耍壩子,都會抽出一定的時間集體念經。在三岩,還形成了許多與佛
教相關的節慶,比如觀音大師、蓮花生大師的生日等。每當這些節
日,三岩所有的老百姓都會自發到寺廟去布施、轉經和燒香,場面很

46　〔清〕劉贊廷:《武成縣志・寺院》,1910年。

47　〔清〕劉贊廷:《武成縣志・寺院》,1910年。

48　這與三岩的地理環境、社會結構密切相關,由於黃教在發展過程中主要靠清王朝的
　　武力支持,而三岩易守難攻,直到民國還屬於權力的真空地帶,加上互不隸屬的帕
　　措組織可以隨心所欲地選擇信仰,因此比較「正統」的黃教不可能在當地有任何發
　　展。筆者之所以提出此問題,是因為藏傳佛教各教派融合當地土著宗教的手段不
　　同,其對喪葬及死亡觀所產生的影響也不同。此問題在本書第六章第三節「詮釋:
　　金沙江峽谷喪葬文化模式的差異」將作詳細討論。

是熱鬧。期間，寺院的活佛會親自穿上白、紅、黃三種不同顏色的衣服扮成蓮花生大師跳神。白色服裝代表蓮花生大師曾經擔任過皇帝，紅色服裝代表他是大喇嘛的身份，黃色服裝則代表他法力無邊，而能夠親眼目睹活佛扮演蓮花生的每個人在來年會獲得好運氣。在此期間，那些上了年紀的老人還會對自己年輕時犯下的一些錯誤進行懺悔，以求得死後有一個好的轉世。更虔誠的信徒在此期間不吃肉、不喝酒，表達其向佛的決心。日常生活中，念經與轉經是每個人每天必修的課程。筆者在田野調查期間發現，人們無論走到哪裏，左手總是撥動著佛珠，嘴裏不停地念「六字真言」，出門凡是經過白塔時也會轉上幾圈，他們堅信，這樣做不僅有利於今生的身體健康，同時對死後自己得到好的轉世有事半功倍之效。

（二）紅教在三岩推行的葬式

1 紅教對死亡的認識

　　佛教傳入三岩以後，對三岩原本的喪葬文化形成了較大的衝擊。佛教強調念經積德、以業報輪迴來評價一個人的種種行為，所以它關於死亡的解釋與苯教不太相同。白洛活佛說：

> 死亡沒有好與差的區別，有好壞之別的只是靈魂的轉世。在人的一生中，念經從善很重要，如果你多念經、常從善，那麼你死的時候靈魂就可以進入三善趣。相反，如果一個人生前不念經，還到處做壞事，那麼他死後靈魂就會進入三惡趣。活佛的死亡是最好的死亡，因為他已經超越了人生的苦樂，登入了極樂世界。喇嘛、僧人的死亡肯定要比其它人好一些，他們有機會進入天界。那些年紀比較大的老年人，幾乎每天都在白塔轉

經。他們的死亡不算太差，但比不上僧人的死亡，因為僧人不僅自己念經，還會幫助動物念經。那些生下來就夭折的嬰兒的死亡就比較差，因為他們還沒有念過一次經就死了，死了以後很難轉世成人，也沒有機會再念經了，其實這都是他的前世造成的。[49]

在佛教傳入三岩以前，當地老百姓非常自然地將年紀與死亡聯繫起來，認為年紀大才死亡的就是好的死亡。佛教反對以長幼來劃分死亡，而是以念經積德的多少對死亡進行重新評價。但是，兩者並不總是矛盾的。例如，苯教認為一個剛生下來的嬰兒死亡比不上一個 80 歲老年人的死亡好，在大多數情況下，佛教也是認可的，因為從常理來說，剛出生的嬰兒念經的次數肯定比不上 80 歲的老年人。筆者在田野調查中發現，在各個鄉村裏面，對佛事活動最積極的總是那些上了年紀的老年人，他們不像年輕人一樣需要做各種各樣的活，很多老年人在閒下來的時候左手總是撥動佛珠念經。較之年輕人，這些老年人對佛教比較虔誠，因此他們對死亡的認識也與年輕人有很大不同，最明顯的就是將以前對死亡的一套看法與佛教對死亡的看法融合在一起重新解釋死亡。例如，在苯教信仰的影響下，他們將那些因意外而導致的死亡歸於得罪某種神靈或者鬼的結果，又在藏傳佛教信仰的影響下把得罪神靈或鬼的原因往前推一步，認為是少念經、做壞事、少積德的結果。這種觀念衝擊了傳統上人們對死亡的分類，也注定對傳統上將不同死亡原因與不同葬式相對應起來的做法形成一定的影響。

---

49 採訪時間：2012年11月。

2 紅教在三岩推行的葬式

佛教一方面對那些圓寂的高僧實行塔葬，一方面在平民中推行火葬、水葬與野葬。但是，具體到三岩的寧瑪派，由於其勢力單薄，並且在傳播過程中遇到苯教猛烈的抵制，因此無法將這些葬式所具備的完整的葬式一一傳入。在佛教內部，尤其是對於那些喇嘛的死亡，佛教徒要對其實行塔葬以顯示喇嘛的高貴，從而維護佛教的神聖。事實上，寧瑪派在內部推行這種葬式也不會遇到太多的阻力，但是要想在老百姓中推行另外三種葬式則顯得不是那麼容易。誠如前文所述，儘管火葬與水葬在今天已經或多或少披上了佛教的外衣，但是葬式體現的核心內涵仍然是苯教的信仰。這時候，寧瑪派只能在三岩推行野葬——天葬。

（1）天葬在三岩的發展

三岩的天葬興起於何時？田野調查中筆者聽到許多說法。一些報導人說是 20 世紀 90 年代以後才興起的；但另一些報導人認為祖上就曾經實行過天葬，近年越來越流行，是受拉薩的影響。距敏都鄉臺西寺左側 3 公里的廖格山半山腰有一個凹地，凹地上的一塊很大的岩石曾經是天葬臺，但現在已經廢棄。近 20 年以來，三岩人外出的慢慢多了起來，他們到過昌都、拉薩等地，看到那裏的藏族人都是天葬，所以覺得天葬好，回來也向村民宣傳天葬。許多三岩人到過拉薩的天葬臺，他們認為自己是藏族，並堅持認為天葬是藏族的傳統，所以也接受天葬。關於老百姓接受天葬，白洛活佛將其歸結於實行天葬的好處：

> 佛法高深的僧人與普通人的死亡不同。對於佛法高深的僧人來說，他們圓寂後靈魂可以直接前往淨土之地。但是，普通人的

修為不夠，無法實現這一點，所以，他們的靈魂注定要進行輪迴。天葬有利於輪迴，因為每個凡人在一生中不可能都不做錯事，在死的時候把自己的身體奉獻給禿鷲是悔悟的表現，這樣他在下一世靈魂會進入三善趣。[50]

白洛活佛的解釋體現了寧瑪派在推行佛教葬式時善於結合三岩社會的實際狀況。事實上，這位活佛就是這樣做的，如他每年都會在人們耍壩子慶豐收的場合扮演格薩爾王和苯教的一些神靈為群眾祈福。

筆者在田野調查中瞭解到，三岩的天葬並不像玉樹巴塘鄉有那麼多的限制。在三岩，不管什麼樣的原因導致死亡，包括可預見的死亡和不可預見的死亡，只要家屬願意的都可以實行天葬。更有甚者，死者在死之前遺言要天葬的，死亡以後不需要請任何宗教人士來打卦，而只要直接把屍體抬到天葬臺就可以天葬了。造成這種現象的原因是：三岩人長期在刀光劍影中生活，帕措與帕措之間為了爭奪資源經常械鬥，傷亡在所難免。如果寧瑪派推行的天葬像玉樹巴塘地區一樣，把死於刀口、槍口之下的人排除在外，可以想像會遇到多麼大的阻力！因此，寧瑪派改變了做法，不把天葬與死者的具體死因對應起來，而是以天葬能快速使靈魂轉入三善趣為理由，將一切死亡都囊括在其中，體現佛教突破苯教包圍的一個策略。

個案一拉斯仁則，男，42歲，係山岩色巴村夏戈大帕措支下泰拉帕措組織的人。2006年，其所在帕措與其它帕措因爭奪蟲草發生糾紛，雙方大動干戈，在打鬥過程中拉斯仁則死亡。後來，通過三岩的民間法談判，其所在的帕措得到了較大數額的賠償，雙方頭人便在九兄弟山的面前發誓不再復仇，該帕措就

---

50 採訪時間：2012年11月。

集中精力為死者辦喪事了。按照三岩的傳統，這種死亡一般要實行火葬，但是帕措頭人在請山岩鄉尼更寺的喇嘛前來打卦時，喇嘛推薦了天葬。喇嘛認為，拉斯仁則是在打架的時候死亡的，如果還實行火葬，他的靈魂不會安靜，怨氣太重，日後對家庭很不好，還可能會引發大的糾紛。既然雙方都已經談判化解了干戈，就沒有必要實行火葬了。如果實行天葬，將自己的肉身奉獻給禿鷲，死者的靈魂會得到一個不錯的轉世。同時喇嘛答應幫助死者念最大的經文以超度死者的靈魂。帕措頭人覺得喇嘛的話有理，於是便與家屬商量，大家決定給拉斯實行天葬。

個案二澤窩，女，70 歲，係雄松鄉夏禾村人，2007 年患病去世。在雄松，人們認為一個人活到 60 歲就已經算是長壽了，按照傳統的做法，這類人的屍體應該運到村裏最高海拔的墳場去埋葬。但是，喇嘛打卦以後卻極力勸家屬實行天葬。喇嘛認為，澤窩之所以長壽是因為她一心向佛，平常念的經也比較多，如果死亡以後再行天葬，則靈魂可以很快轉世為人。家屬最後也聽取了喇嘛的建議，為澤窩實行了天葬。

個案三多傑，男，41 歲，係山岩鄉葉巴村人，生前好酒。2007年 12 月，他的一個朋友家裏殺豬過年，邀多傑前往幫忙，早上9 點鐘殺完豬以後，多傑一直在其朋友家喝酒，直到第二天淩晨 1 點，醉醺醺的他才啟程回家；但是，由於醉酒過度，在回家路途中失足掉入金沙江的降曲河溺亡。這種類型的死亡在三岩人看來是「凶死」，傳統上一般實行水葬。在三岩人看來，死者溺水死亡表明他日後會變成水裏的「蛙神」，那是一種很凶的屬鬼。於是，家屬在請喇嘛來打卦時希望實行天葬，以免多傑的靈魂變鬼，喇嘛打卦後也認可了家屬的要求。

　　三岩各寺廟附近建有天葬臺，人們實行天葬時提前告訴喇嘛時間，確定時間以後的第二天一大早就由本帕措的十幾個成員用一張毛毯將屍體裹住送到天葬臺去天葬。其過程與玉樹巴塘鄉的類似，都遵守著念經、煨桑、解屍的程序。但是，三岩的天葬沒有專門的天葬師，在天葬過程中，家屬也沒有索要肩胛骨，家屬只關心亡者的屍體是否能處理乾淨。

（2）天葬遭遇的瓶頸

　　自天葬在三岩興起以後，三岩各地寺廟在附近建了多個天葬臺。但是，筆者在田野調查中瞭解到，天葬在發展過程中並不順利。目前，三岩當地許多天葬臺都已經丟棄了。有關天葬在三岩衰落的原因大致有三點。

　　首先，禿鷲數量不穩定，有時多有時少，這種情況增添了家屬的心理負擔。在三岩，人們實行天葬時普遍的說法是，喇嘛召來的禿鷲數量多少要與屍體的大小相符。如果召來的禿鷲數量太少，它們不能夠把屍體吃完，意味著死者的靈魂無法順利轉世；如果召來的禿鷲數量太多，則意味著死者家裏還會再死人。因此，死者家屬不太放心把屍體交給那些法力不強的喇嘛。例如，家住木協鄉夏雅村的布文向筆者表示了這種擔憂。2007 年 11 月，他的父親去世，他也給父親實行了天葬，地點就在麻貢寺山腰的一處天葬臺，但是，當他們把屍體運到那裏以後，喇嘛念了很多經文都沒有召到禿鷲，最後不得已放棄了天葬，又把屍體重新運回村裏的墳場實行了土葬。布文說他之前認為天葬很好，但自那次以後，他開始覺得天葬也不是像別人說的那樣好；相反，有時候還折騰人，不如實行土葬來得方便。對於召不到禿鷲的原因，布文並不認為是自己的父親生前作惡太多導致禿鷲不願意吃，而認為是喇嘛的功力太弱所導致的。其實，從客觀原因分析，禿鷲數

量不穩定首先與氣候有關。如前文所述，木協鄉平均海拔僅 2,500 公尺，而禿鷲一般生活在海拔更高的地方，尤其是在冬天，它們只是偶而才到海拔低的地方覓食，這對木協鄉的天葬構成了一定的限制。有趣的是，在木協鄉的一些阿尼看來，禿鷲不來啄屍與喇嘛的法力無關，而是由於在建天葬臺的時候大多數喇嘛並沒有專門祭拜過神山，沒有得到神山的同意，所以神山才是限制禿鷲的主因。阿尼的解釋反映了苯教信仰的特色。

其次，由於三岩境內各天葬臺都沒有專門肢解屍體的專業天葬師，因此到天葬臺實行天葬的屍體都是由死者所在帕措的成員肢解的。而帕措成員畢竟不專業，他們在肢解屍體時沒有像玉樹巴塘鄉的天葬師那樣遵循特定的程序，所以經常會出現屍體處理不乾淨的情況，這也在客觀上限制了三岩天葬的發展。在死者的家屬看來，屍體處理不乾淨，留有遺骸，表明死者生前的罪惡沒有洗淨，其靈魂將無法獲得好的轉世。在實際操作過程中，若家屬為去世的親人實施天葬發生這樣的情況，會給他們的心理帶來極大的壓力，所謂「一朝被蛇咬，十年怕井繩」，他們會在以後的葬式選擇中剔除天葬。

最後，三岩的苯教信仰氛圍仍然濃厚，對天葬的發展構成了一定的限制。在三岩，不少老百姓雖然信佛，但是由於傳統的慣性使然，他們並不熱衷於佛教宣導的天葬。筆者在調查中就聽說一些獵人仍然有獵捕禿鷲的行為，在佛教徒看來，這是不可饒恕的罪惡。54 歲的尼松老人告訴筆者：

> 以前我們這裏的獵人大多有從事捕禿鷲的活動，現在雖然少了，但還是有。聽說禿鷲的內臟可以用來治療胃病，它們的毛可以用來做皮衣，所以禿鷲在外面的市場上可以賣到很高的價錢。捕禿鷲一般要用鐵絲製成的網，在比較空曠的地方放一點

帶腥味的肉，禿鷲聞到以後就會落地前往啄食，獵人就可以用網把它們罩住。現在捕禿鷲的行為少了，獵人多跑到海拔較高的地方去，而且不讓喇嘛看到。[51]

佛教徒視禿鷲為神鳥。在廣大的藏族聚居區，人們不會輕易冒犯禿鷲，但是三岩存在獵捕禿鷲的現象說明這裏的佛教信仰相對淡一些，這也成為佛教在推動天葬時的一種阻礙。事實上，三岩人對天葬的選擇是十分矛盾的。一方面，基於藏族認同，他們對天葬表現了歡迎的態度；另一方面，由於無專業肢解屍體的人員，再加上禿鷲的數量不穩定，因此他們又不敢輕易實行天葬。

第三節　葬禮與葬式：紅黑相容與紅黑之爭

歷史上的三岩地處偏僻，苯教信仰氛圍濃厚，使得佛教在三岩的傳播困難重重。在這種情況下，佛教為了發展自己，就不得不走一條與古老的苯教教義融合，甚至直接把苯教教義拿為己用的道路。其實，三岩的情況與前弘期佛教在吐蕃的傳播類似。當時「為了使吐蕃人眾相信佛經所說，松贊干佈在鬧市之中分別化現病人、醫生、占卜者、苯教師、飛上天空之鹿等。病人因誦經而痊癒……市上眾人方才相信」[52]。在三岩，紅教與苯教出於競爭而發生相互學習彼此的教義和修持的行為，使雙方你中有我、我中有你；具體到喪葬的情況而言，兩者之間既有合作又有鬥爭。

---

51 採訪時間：2012年12月。

52 達倉宗巴‧班覺桑布著，陳慶英譯：《漢藏史集》（拉薩市：西藏人民出版社，1986年），頁101。

一　三岩葬禮：紅黑信仰交融的體現

　　尼瑪係山岩鄉葉巴村的普通農民，今年 58 歲。他於兩年前某一天的下午發覺喉嚨痛，吃不下東西，只能喝一些青稞麵湯，後來發展到全身疼痛，面黃肌瘦、臉無血色，病情一天比一天重。在患病期間，家人曾經到縣城的衛生院給尼瑪抓過幾服藥，但是沒有特別的療效。於是，尼瑪的家人又先後找到鄰村的一名阿尼和尼更寺的喇嘛為他治病。阿尼根據尼瑪的生肖推算，尼瑪之所以患病是因為他被陰間一種叫「聶」的惡鬼附身了。這種鬼陰氣太重，不能趕，只能通過祭拜神靈祈禱神靈保祐。言下之意，尼瑪的病是否能治癒要看天意。而尼更寺的喇嘛為尼瑪卜卦以後卻給了另一番不同的解釋，認為尼瑪患這種病是「前世」引起的。據說他的前世喜歡打獵，槍法很準，每次打獵的時候一槍就能打中動物的喉嚨讓動物斃命，但是他的前世最後患了喉疾而死亡，現在他患的這個喉疾就是這樣得來的。言下之意，尼瑪的病很難治好了，應該回去多念經，以贖前世之罪，為來世做準備。當阿尼和喇嘛都對尼瑪的病表示無能為力以後，尼瑪的家屬就開始積極為尼瑪準備後事了，其後事也處處滲透了兩種信仰。

（一）死亡前的準備

　　死亡本身是一種感覺，然而自身感知與他人感知是兩回事。尼瑪的長子阿布告訴筆者，在尼瑪死亡的前一個星期，他的心裏就莫名有了某種預感，似乎知道父親就要離他們而去（聽說類似的情況在許多家庭都出現過）。當這種預感愈來愈強烈時，他們就會在屋裏的角落處鋪一張約 2 公尺長的木板，然後把病得奄奄一息的尼瑪從藏床上搬下來，讓他睡在這塊平整的木板上，尼瑪平時蓋的棉被和穿的衣服也一併放到這裏。這個時候，患者躺的這個位置一直到去世都不能移動

了，由家裏的某個成員專程守護。按照三岩當地老百姓的說法，人是不能死在藏床上的，那樣的話他的靈魂將來無論去到哪裏都會背著一張重重的床，走路很不方便。這時患者的靈魂是非常虛弱的，它需要家庭成員小心呵護。因此，家庭成員不能大聲說話以免驚動靈魂出逃到外面迷路回不了家，日後變成孤魂野鬼。病人死亡以後，親屬並不需要特意將家裏死人的事公開，哪家準備辦喪事一般僅在本帕措內部進行非正規的傳達。由於村莊小的緣故，病人死亡以後消息會在一天內傳遍整個帕措，這時帕措的成員就會主動前來慰問並幫忙。

（二）對屍體的照顧

直到出殯之前，家人要盡一切可能給予屍體最好的照顧，照顧屍體大體分為殮屍和守屍兩個環節。

由於三岩的寺院大多在偏遠的荒山野嶺，在很多情況下，病人死亡之前喇嘛都不能及時趕到，因此，藏族常有的「拋哇」儀式在三岩並不普遍。尼瑪死亡時正在冬天，必須迅速殮屍，以防止溫度過低引起屍體發涼而導致這項工作無法順利進行。殮屍大致分成三個步驟：其一是洗屍。燒一桶水象徵性地為死者擦身，擦拭的部位主要是死者的手心、腳心和胸口。這裏還有一個值得注意的情況——為死者洗屍的人被認為是第一個接觸死者屍體的人，這項工作經常由死者的女兒來做，沒有女兒的由媳婦來做。至於為什麼要由女性做這項工作，據老百姓說，洗屍意在為死者洗去罪惡，讓他乾乾淨淨地上路。在洗屍之前，死者身上還是有罪惡的，只能由女人做。很明顯，這項工作是社會對女人歧視的側面體現。其二是包裹與捆縛屍體。

洗屍結束以後，由兒子阿布用一種類似毛毯的叫「戈」的東西來包裹屍體；緊接著由死者的兒子阿布帶頭，親屬們幫忙捆縛屍體。捆縛屍體所用的繩子通常是死者生前經常用的腰帶，寬 10 公分、長約 3

公尺。首先將腰帶的一端打一個大的空心結，套入死者的脖子，然後
往下拉緊；將屍體的雙腳平行併攏，呈蹲坐姿勢，額頭向前傾斜靠在
突起的雙膝處，腰帶穿過死者雙膝底部往上拉；再將死者的雙手交叉
放置於胸前，腰帶從左到右纏繞兩隻手打死結，捆縛屍體的工作就算
結束，這具屍體便以胎兒狀呈現在人們面前。其三是將屍體裝入棺
材。在三岩，用什麼樣的棺材裝屍體主要根據所採用的葬式來決定。
通常情況下，天葬、水葬都不需要裝入棺材，只需要把屍體放回原來
睡的那塊木板就行了；如果是土葬、火葬一般會用立體的藏式棺材來
裝屍，貧窮人家用不起棺材的也可以用籮筐代替。屍體放入棺材以後
便放到屋內的某個角落，直到出殯前再也不能挪動。死者尼瑪家裏的
經濟能力並不差，而且打算給他實行土葬，所以孩子們給他製作了一
個藏式棺材；在裝屍入棺的時候，尼瑪生前所穿的一些舊衣服也同時
被裝入，主要是用來填充棺材的空間，而那些好的衣服則作為日後向
窮人布施的物品。

　　屍體入棺後，死者家屬要做的最核心的一項工作是守屍。很顯
然，這時候的屍體是承載著靈魂的重要載體，對屍體的照顧其實也就
是對靈魂的照顧。家屬在死者尼瑪的身邊點上一盞不滅的酥油燈，旁
邊還點上幾根松香，使房屋彌漫著一種清香。據說人死以後，靈魂就
開始喜歡聞這種香的味道，這樣他才不會亂跑。三岩人還認為陰間又
冷又黑，點酥油燈的目的是為了方便探路，如果沒有燈，靈魂在走路
的時候就會迷失方向。家人還在酥油燈的旁邊放一張喇嘛像，其目的
是希望有佛在身邊，靈魂可以獲得佛的保祐，不會感到害怕。照顧屍
體吃飯是一項必不可少的活。家屬要在死者的面前擺上一張凳子，上
面放 3 個碗筷、3 個茶杯，家裏人在吃飯的時候也必須盛相同的飯菜
擺在那張凳子上。只不過給死者盛飯菜的動作與給活人盛飯菜的動作
是相反的，因為陰間與陽間的一切都是相反的，只有反著給死者盛飯

他才能吃得到，否則飯菜全都會灑落在地上。

守夜是一項重要的工作。三岩的守夜由帕措的成員來承擔，女性是不參加這項活動的。男人們一般聚集在死者附近聊天、喝酒打牌，沒有太多悲傷的氣氛，反而有點像過節。阿布說，無論一個人與死者生前的感情有多好，在守夜的時候是絕對不能哭的，如果靈魂聽到家屬悲傷的哭聲，他日後就捨不得離開，這樣會阻礙靈魂在陰間的生活甚至日後的轉世；不但如此，家屬也不能流眼淚，即便流了眼淚也要立即擦拭，不能讓眼淚掉到地上，否則這些淚水將會在陰間化作暴雨，阻擋靈魂上路。守夜還有一個重要目的，那就是防止貓狗等動物前來打擾死者的靈魂。在三岩，據說如果動物騷擾靈魂，會讓靈魂不安，到處亂跑，看到這種情景的人都會因此撞邪，最後導致死亡。所以，靈魂剛離開屍體的時候最忌諱看到動物。再則，靈魂還需要本帕措成員的呵護，人多他才不會感到孤單，如果沒有人守夜，靈魂會因為孤單而感到害怕，他也會跑到屋外去；外面漆黑一片，他很快又迷路了，許多孤魂野鬼就是這麼變成的。

（三）出殯下葬

出殯的具體日子由喇嘛或者阿尼推算。三岩與藏族其它地方不同的是，人死以後，家屬既請藏傳佛教的喇嘛，也會請民間的那些阿尼來為死者算命。譬如，尼更寺的喇嘛算出尼瑪的出殯日期是初五、初八、十二、十八，家人在請阿尼算的時候就會問阿尼這幾個日子哪個更合適一些，阿尼將三個家屬的屬相結合起來推算，推算出了十二這一天比較合適，家屬遵照他的意見從事。另外，出殯的日期定下來以後，阿尼還會就具體出殯的時間進行推算，比如尼瑪出殯的時間就是早上 9 點 15 分。

田野調查還發現，雖然死者出殯的時間由阿尼推算，但是幾乎所

有的死者都會在早上 10 點之前出殯。阿尼對此的解釋是，在清晨的時候，很多好的神靈都會出來活動，這個時間出殯比較好；而傍晚就不同了，那個時候那些善良的神靈都回到自己的住處去休息了，留在世間活動的只有惡魔鬼怪，如果這時候出殯，不僅亡者的靈魂容易受到驚嚇，而且送葬的人也會被那些鬼怪附身從而丟掉性命。

尼瑪的出殯過程還發生了一個小插曲。據阿尼說，他死亡的時間與天上的一顆煞星相沖，為了避免克死家裏的人，他的屍體出門不能超過 7 步，但是在正常情況下，從尼瑪屍體處走到門口也要十幾步。其解決方法就是由兒子阿布和本帕措的一個人抬著屍體行 7 步走到一個窗戶邊，打開窗戶，用藏語說「我們已經出去了」之類的話，即象徵屍體已經從窗戶抬出；然後，再把棺材放回原來的位置重新抬起往家門口走，到了家門口後放下。這時，家屬全體成員已經在門外等候，他們齊齊跪下，向屍體磕了 3 個響頭。長子向屍體做最後告別。他說：「父親，你在世的時候我們已經好好地照顧了你，你放心上路吧。」這時，送葬隊伍便出發了。

三岩的送葬隊伍與藏族其它地方不同，家屬一般不參加送葬。據阿尼說，這是為了避免他們過度悲痛，在路上發生意外。而抬棺材的人都是本帕措的人員，由兩個人一組，大家輪流換著抬。在三岩，人們普遍相信，抬棺材會為自己的下一世積德，所以大家都會搶著抬。抬棺材的人承擔著非常重要的角色，他們在整個過程中是不能回頭看的，據說是因為此時他們的靈魂和死者的靈魂會發生交換，如果他回頭看，死者的靈魂也會跟著回頭看，導致死者留戀家裏甚至不走。另外，送葬隊伍裏面不能有女人。最獨特的是，送葬過程中，喇嘛和阿尼同時領隊。在尼瑪的葬禮中，尼更寺的喇嘛走在送葬隊伍的最前面，他的身上係著一個鑼鼓，邊走邊敲；而阿尼緊跟在喇嘛的後面，負責搖鈸鈴。

　　尼瑪實行的是土葬，地點就在村裏傳統的墳場，土坑通常在下葬
的前一天由本帕措的成員去挖。三岩的土質堅硬，挖穴並不是一件容
易的事，那裏有很多石頭，必須先由十幾人輪流用鐵鍬先把石頭敲
碎，然後才能把那些石頭挖上來。如果遇到非常堅硬的石頭，還要用
炸藥才能把石頭炸開。據三岩老百姓的說法，如果挖穴的時候遇到很
多石頭，表明死者離去不順，會對家人造成不吉利，補救的方法就是
日後多念經。當送葬隊伍把棺材抬到了土葬點以後，僧人在旁邊念經
超度，大家把裝有屍體的棺材垂直放入土坑中，打破棺材的底部，然
後進行掩埋，在埋葬點堆起一個小包，整個下葬儀式至此結束。送葬
隊伍回到死者家吃飯，這頓飯沒有講究，煮一大鍋雜菜拌上麵條或者
糌粑吃。在吃飯期間，死者的兒子當著眾人的面極力地追憶死者生前
積下的陰德，他感謝父親養育了他，並對父親生前為這個家庭的付出
表示由衷的感激，同時期望父親死後有個美好的未來，他還不時對眾
人的幫忙表示感謝。

（四）遺物的處理

　　屍體處理結束並不等於整個喪葬程序結束了，在屍體下葬的當天
晚上或者第二天早上，人們一般要處理死者的遺物。親屬們認為，這
些遺物是死者的，它們與死者存在著千絲萬縷的聯繫，因此如何處理
死者的遺物不僅關係到活著的人的生活品質，還關係到死者靈魂的
去向。

　　尼瑪的遺物大體分為兩種：一種是他生前穿的衣服、蓋的被子，
另一種是他生前佩戴的藏刀、銀手鐲、松石等。一般情況下，那些比
較新的衣服能夠作為布施之物品，家屬會在接下來的「七七」儀式中
拿去送給窮人或寺廟。他們樂於接受這些衣服，也不會問這些衣服從
何而來，即使知道是死者的，他們會認為死者和他們沒有聯繫，不會

對他們怎麼樣。換句話說，物品是否「乾淨」不在於它本身，而在於
其物品背後所體現出來的關係：對於接受布施的一方來說，他只是把
衣服當作一種媒介而已，這期間只體現布施者與被布施者兩者之間的
關係；但是，對於布施者來說，他是在借布施活動達到安撫死者之靈
的目的，因此，「死亡所引起的不潔影響所及最主要的並不是死者家
屬裏面的人，而是和死者有關係之人，不論其身在何處」[53]。而那些
破爛一點的衣服是不適合做布施的，早就隨著殮屍同時作為填充物裝
入棺材了，如果棺材都塞滿了，那麼只能把這些東西扔到偏僻的山溝
裏。那些銀手鐲、松石等物品比較貴重，親屬會把它們送給喇嘛以表
達對喇嘛的尊敬。

　　另外，死者的遺照要在處理屍體的當天下午或者第二天早上燒
掉。總而言之，死者的遺物儘量不留。尼瑪的兒子阿布告訴筆者，他
的父親有一對瑪瑙，大小有手臂一般粗，價值絕不在 1 萬元以下，即
便如此，他們也不能把它留下。對此，阿布的解釋是，這些東西曾經
沾染過父親的「氣」，據說人死以後有可能變成鬼，他生前用過的東
西不乾淨，這些東西放在家裏，如同打掃乾淨的土地被墨水污染一
樣，看到遺物晚上睡不著覺，會給家人帶來不祥。在田野調查中，筆
者還聽到另一種說法，據說保留遺物會使死者留戀人世，不利於死者
的轉世。前者的解釋著重體現了苯教信仰在三岩的遺留，而後者很明
顯體現了一種佛教信仰。

（五）對靈魂的安撫

　　在藏族的「死亡文化」知識體系中，死亡往往與重生相輔相成，

---

53 〔法〕路易・杜蒙著，王志明譯：《階序人：卡斯特體系及其衍生現象》（臺北市：
　　遠流出版公司，1992年），頁116。

藏族人並非將生命理解成一具血肉之軀，在多數情況下，這具血肉之軀背後的精神控制（靈魂）才是他們理解生命的重點。因此，在尼瑪的整個喪葬儀式中，家屬所做的一切都是為了給他的靈魂尋找一個好的歸宿。由於三岩的老百姓信仰佛教，又信仰苯教，因此家屬對死者靈魂的安撫也體現了兩種信仰。

在苯教看來，人死亡以後，靈魂要到陰間繼續生活，以待將來復活。這個觀念在死者下葬的當天體現得非常清晰：將死者掩埋以後，人們會在墳前生一堆火，而且點火的人必須是阿尼，其作用是給死者送火取暖。在阿尼看來，陰間比陽間冷，如果不給死者送火，這些靈魂是沒有辦法在陰冷的環境中生存的。事實上，火的作用不僅在於可以給死者送去溫暖，更重要的在於有了火種以後，靈魂在陰間便可以生火做飯，不用吃冷食。在將死者掩埋的當天晚上，家屬用白色的紙糊成一個人的形狀放到一個盆子當中，然後往裏添入細小的松樹枝，松樹枝呈「井」字排列；再把紙塔放在「井」字上面，倒入酒水，再把幾粒青稞碾碎撒入紙塔當中。在燒紙塔的過程中，家屬還會殺死一隻豬，然後由阿尼做法，將豬的內臟連同紙塔一起燒掉。阿尼的解釋是，必須先將青稞碾碎、把豬殺死，然後才能把這些東西放到火裏燒，因為它們與人一樣，也有靈魂，只有將它們「殺死」，其靈魂才離開，它們在陰間才會被死者的靈魂支配。換句話說，古老苯教的「動物祭祀」場面在三岩仍可發現。

除了苯教信仰以外，佛教信仰對於人們安撫靈魂的行動也是至關重要的。例如，念經就集中體現了佛教信仰，念什麼樣的經主要由喇嘛決定，而喇嘛也通常根據死者死亡的原因選擇不同的經來念：對於那些怨氣太重的、在激動情緒之下死去的，要念專門的經以消除死者的怨氣；而像尼瑪這樣的老年人是在很平靜的情況下死去的，只需要念一般的經。如果從死者咽氣之日算起，正常情況下，親屬要分三個

階段為他念 11 天的經，所有這些活動必須在一年之內完成。第一個階段是從死者死亡之日起，在喇嘛的帶領下，家屬為尼瑪念 3 天的經。第二次念經是在死者下葬以後的七七四十九天內，每 7 天念一次經，這期間念經由阿尼帶領。當然，家庭條件不好的也不一定要念到「七七」，可以念到「三七」即可，不過對於那些「凶」死的人則必須念到完整的「七七」。第三個階段在死者的一週年忌日舉行，這時候一般是請那些稍微有名氣的活佛來主持。「人死後滿一年時，死者家人和親朋好友都要做性質如『七七』期那樣的祭祀活動」[54]，這是對「七七」念經儀式的延續，整個程序與七七四十九天的念經程序沒有什麼不同，但是氣氛明顯比前面輕鬆一些。一方面，時間已經把親人離開的悲傷修復得差不多了；另一方面，死者的靈魂這時也已經在另一個家庭作為嬰兒獲得新生，這給親屬的心理帶來了不少的安慰。

從尼瑪的整個葬禮過程可以看出，期間既摻雜著苯教的信仰又夾雜著佛教的信仰，是佛苯信仰融合主持下的一場葬禮。但是，觀其整個葬禮，我們仍然可以體會到佛教文化因素與苯教文化因素在葬禮不同階段所佔的比例是不同的。在具體的葬式方面，苯教信仰占的比例更重一些；而在下葬前後的念經活動中，佛教信仰占的比重更大一些。其實，除了苯佛信仰的融合以外，雙方的鬥爭無處不在，複合葬就是最鮮明的體現。

二　三岩複合葬：紅黑信仰爭奪的隱喻

如果說在三岩的每一場葬禮中都體現了紅黑相容的話，那麼在具

---

54 馮智：《慈悲與紀念——雪域喪葬面面觀》（西寧市：青海人民出版社，1998年），頁113。

體的葬式中體現更多的是紅黑之爭，兩種信仰的爭鬥在三岩的各種複
合葬中有鮮明的體現。

　　必須指出，此處所謂的複合葬，是指把兩種以上的葬式結合起來
對屍骨進行處理的行為。因此，在討論複合葬之前，有必要將它與二
次葬做一些區分。《北史》在記載蘇毗貴人的喪葬風俗時曾寫道：「剝
取皮，以金屑和骨肉置於瓶內而埋之。經一年，又與其皮納於鐵器埋
之。」[55]這種葬法就是二次葬，它僅是分兩個階段使用同一種葬式對
死者進行埋葬的。一般認為，二次葬僅是一種葬禮，而不是一種葬
式。[56]在苯教時代，皇室貴族還普遍遵循著一種喪葬習俗，即人死以
後不立即下葬，而是停柩一段時間後再行大葬，許多貴族階層的男性
死亡一般停柩長達 3 年甚至 5 年之久，而女性死亡也多停柩 1 年到 2
年。[57]這種喪俗可能與苯教信仰中關於靈魂復活的觀念有關，這種風
俗既不能稱為二次葬，更不能稱為複合葬。由於我們沒有發現任何關
於苯教時代三岩地區複合葬的文獻記錄，似乎可以認為，三岩的複合
葬是在佛教傳入以後才流行的。

（一）三岩的兩大複合葬

　　大體來說，三岩的複合葬有兩種：第一種是先土葬，數年以後待
屍體腐爛，再將骨頭挖出來燒，將骨灰撒到名山河流中去；或者不燒
骨頭，而是直接將骨頭裝好放入江河中。當地人把這種葬法稱為土火
複合葬或者土水複合葬。第二種是先火葬，然後將骨灰或者沒有燒盡

---

55 〔唐〕李延壽：《北史》卷96（北京市：中華書局，1974年）。

56 參見袁曉文、陳東：〈送魂：民族學視野中的「二次葬」習俗──從民族志材料看
　　「二次葬」的定義及原因〉，《廣西民族大學學報》2011年第5期。

57 參見褚俊傑：〈吐蕃本教喪葬儀軌研究（續）──敦煌古藏文寫卷P.T.1042解讀〉，
　　《中國藏學》1989年第4期。

的骨頭撿起來放到一個小型的匣子中，在自己家附近的田地找一塊地方將匣子掩埋並建一個小墳包，當地人將這種葬法稱為火土複合葬。分析這兩種類型的複合葬，我們可以概括出其基本的程序：先以某種葬式處理死者的屍體，待屍體腐爛以後再對死者的骨骼進行處理。

　　個案一拖斯，男，47 歲，雄松鄉人。家裏有五口人：他和妻子、2 個兒子、1 個女兒，孩子都還沒有成家。拖斯的父親早年患高血壓死亡，實行了水葬。他的母親則死於意外，是在一次外出放牛的途中摔倒後當場死亡的。由於人們把她的屍體運回家裏時天色已晚，一時找不到喇嘛和阿尼前來打卦。當地有死在外面的人的屍體不能進屋而應盡快下葬的風俗，於是拖斯一家就在第二天為其母親選擇了土葬。兩年以後，拖斯在鎮上做生意發了財，便想到為母親實行複合葬。他找來旺吉喇嘛詢問是否可以將其母親火葬，喇嘛詳細問明瞭他母親去世的緣由、生肖與死亡時間後，為他母親打了卦並確定火葬的日子。據拖斯說，火葬那天，一共請了 3 個僧人和 3 個阿尼幫助念經，旺吉喇嘛也在現場，主要負責念經超度並指揮人們點火。整個火葬過程花了兩個半小時，燒去 20 斤酥油、幾百斤柴火。火葬結束以後，家屬用一張黑布蓋住骨灰，拖斯則在第二天天沒有亮的時候去揭布查看，發現上面有一隻小鳥的腳印。拖斯感到很後悔，他說想不到這麼多年了母親的靈魂才轉世，期間一定經歷了不少折磨，應該早一點就給母親實行火葬的。

　　個案二三寶，男，35 歲，山岩鄉葉巴村人。家裏有六口人：他們兩個兄弟共妻，育有 3 個孩子。父親是在一年前病死的。三寶說父親走的時候囑託他們為自己實行火葬。後來，他們請來喇嘛為死者推算葬式，喇嘛詳細問了死者的死亡原因和生肖、

時間後，拿出一本書反覆翻看，然後說死者生肖屬火龍，不能夠火葬，如果非要進行火葬的話最好先實行土葬，等屍體腐爛後再進行火葬。於是，三寶為父親實行了土葬，一年以後又在喇嘛的指導下，算了一個比較吉利的日子對父親進行了火葬。

個案三尼朗，男，50 歲，山岩鄉色巴村人。家裏有六口人：他和妻子及 4 個孩子。目前家裏有 30 頭犛牛、2 匹馬、2 頭驢、15 隻羊，還有 5 畝田地，生活比較富裕。尼朗的妻子在當地是大家公認的比較能幹活的婦女，她一個人可以放養 30 頭牛，所以家裏的放牧工作基本由她承擔，但因過度操勞，他妻子於 2009 年累倒，據說是在農田幹活的時候累倒在地上去世的。他妻子去世以後，尼朗將妻子的生肖、死亡時間報給阿尼後就問阿尼是否可以土葬。阿尼經過推算以後認為可以，於是尼朗給妻子選擇了土葬。尼朗之所以給妻子土葬，並非是要將妻子的靈魂打入十八層地獄，而是他覺得妻子一生太操勞，為他和這個家作出了巨大的貢獻。他希望土葬以後再實行火葬或者水葬，據說這樣可以辦多次儀式多念經，對妻子的轉世有幫助。2010 年，尼朗又為妻子舉辦了火葬；火葬結束後不久，他請來了喇嘛為妻子念經，並在金沙江邊撒骨灰，即進行所謂的水葬。這樣，尼朗為他的妻子辦了 3 次喪事，念了 3 次經，因此他在當地受到人們的好評。

個案四饒喜，女，58 歲，木協鄉果樂村人。家裏共有七口人：她與 3 個孩子、1 個媳婦和 2 個孫子。家裏有 50 頭犛牛，家庭經濟情況在木協鄉屬於上等水準。2011 年底，她患風濕病去世。家屬首先找了麻貢寺的喇嘛為死者推算葬式，推算的結果是火葬好；又找來阿尼推算，結果是土葬好。於是，家屬就將這兩種葬式結合起來，先給死者實行火葬，然後再埋骨灰。

　　以上 4 個個案基本上將三岩人選擇複合葬的動機概括出來了。其原因不外乎三點：第一種情況是由於一個人死於意外，屍體不能進家門，而當地又有死於意外的人要盡快下葬的風俗，於是只好按照傳統的葬法給死者土葬，待將來有條件的時候再給死者進行火葬或水葬。第二種情況是因為一個人的死亡時間不好無法實行火葬，但是死者生前又想實行這種葬式，就先採取土葬的方式，過渡一段時間以後再實行火葬，以了卻死者的心願。第三種情況是特意實行土葬。為的是將來可以進行火葬或者水葬。前文所分析的尼瑪也屬於這種類型。第四種情況是喇嘛推算的葬式與阿尼推算的葬式不相同，人們往往採取綜合的手段將兩種葬式吸納進來。

　　仔細分析這些情況，可發現土葬在當地人觀念中並不是一成不變的。就第一種情況而言，土葬在社會控制系統中有一種防禦功能，人們認為意外死亡是因為鬼作祟，屍體具有污染性，這時候只有盡快把屍體掩埋，才能夠有效地將鬼與人隔絕起來。很明顯，在人們的潛意識中，人們這時掩埋的並不是屍體，而是鬼。因此，從深層意識方面說，這種做法有點巫術的味道。在這種情況下，複合葬並不是一種必然的選擇。很多時候，人們將死者葬了以後就不會再進行複合葬了；除非像主人公拖斯那樣生活突然變得富裕了，看到別人都為自己的親人實行複合葬，或者更多接受藏傳佛教的靈魂轉世觀以後，心裏激起了對親人的某種思念，才會為死去的親人實行複合葬。如果這個家庭在經濟方面沒有任何改善，人們也會將其原因歸於死者，認為死者身上附有某種邪氣，從而給活著的人帶來不幸。像前面提到的一種偷食鬼——「紮稜」很多時候就是在這種情況下跟隨著某種邪氣回到家裏來偷吃的。第二種情況的功能與第一種情況的類似，由於死亡時間不好導致人們賦予屍體一種「不乾淨」的觀念，因此人們會選擇用泥土將屍體掩埋，對屍體進行過濾，過了一段時間以後再實行複合葬，以

了卻死者的心願。第三種情況體現了佛教教義的影響。人們實行複合葬主要是為了多念經，這樣既有利於死者的靈魂轉世投胎，又給活著的人一種心理安慰。在三岩，如果一個家庭實行土葬是為將來的火葬或者水葬做準備，那麼第二次安葬的時候念經會比第一次安葬規模大。第四種情況頗能體現三岩的特色，它是三岩苯教與佛教鬥爭的體現，同時也表明了人們面對苯教信仰與佛教信仰時表現的一種妥協。這種情況在今日藏族聚居區其它地方並不多見。

（二）對複合葬原因的解釋

三岩的複合葬後面隱藏著什麼樣的邏輯呢？筆者認為，應該回到宗教信仰和生計模式兩個方面對此進行解釋。

1 複合葬與複合信仰的關係

我們首先來看第一個問題，即宗教信仰的問題。毫無疑問，土火複合葬表現了兩種信仰，即苯教信仰和佛教信仰。

筆者認為，土火複合葬第一階段的土葬無疑表現了更多的苯教信仰，因為在三岩傳統的葬式中，苯教一直是支持土葬的；即使佛教傳入三岩以後，一些藏傳佛教僧人死後也實行土葬，但那畢竟是受苯教的影響。同樣的道理，土火複合葬第二階段的火葬更側重於佛教信仰，理由在於這一次的火葬相對於前一次的土葬來說，人們念的經更多。更重要的是，在這一次的火葬裏面，人們一定要請喇嘛來推算日期，而不是請阿尼來推算日期。從結果上看，在三岩老百姓實行的土火複合葬裏面，三岩人最終還是採取了銷毀屍骨的方式結束一生。但是，我們不能就此認為三岩人的信仰只存在「佛教高於苯教、佛教『含括』苯教」的一面，否則我們就跳不出以下邏輯的矛盾：既然佛教對土葬是排斥的，人們為什麼還要對死去的親人實施土葬呢？事實

上，三岩人完全可以不使用土葬而選擇天葬、火葬等葬式去葬那些死去的親人。因為從佛教的教義來看，天葬、火葬等喪葬方式可以讓屍體迅速消失，讓靈魂快速轉世，他們完全沒有必要先給死去的親人實行土葬再實行天葬、火葬等方式。在佛教教義看來，實行土葬其實就是讓靈魂在地獄中煎熬。如此說來，三岩人在實行土火複合葬的時候總是先讓親人的靈魂在地獄中煎熬那麼多年再銷毀屍骨讓靈魂轉世？試想，讓親人的靈魂在地獄煎熬如此長的時間，他們又於心何忍、於意何安呢？所以，筆者認為，三岩人在實行土葬的時候所秉承的不是一種「佛教高於苯教、佛教『含括』苯教」的信仰體系，否則我們就解釋不了以下問題：在三岩，為什麼土葬以後再實行火葬或者水葬的複合葬形式不是一種必然的選擇？為什麼今天仍有不少家庭把土葬視為一種傳統的永久性葬式，一旦他們選擇對自己死去的親屬實行土葬以後，就沒有複合葬之說？換句話說，土葬與火葬、水葬相互比較，它並不總是最差的葬式，三岩人在判斷幾種葬式的好壞與否時處於一種動態之中，而這種動態表現在實行土火複合葬第一個階段時，三岩人秉承的是苯教高於佛教的信仰觀念。在本書的第二章第三節，我們曾經討論過苯教所支持的喪葬方式。事實上，在苯教看來，它不認為土葬是一種差的葬式；相反，苯教認為土葬是一種高貴的葬式，這才是他們心安理得給死去的親人實行土葬的原因。因而，三岩不僅存在佛教高於苯教、佛教「含括」苯教的一面；事實上，三岩還存在苯教高於佛教、苯教「含括」佛教的一面。否則，我們只能解釋土火複合葬的信仰體系，而無法解釋火土複合葬的信仰體系。我們再來看下面這個鮮活的個案：

　　紮裏布郎，男，69 歲，係山岩鄉色巴村的普通牧民。他於 3 年前某天下午突然喉嚨痛，後來發展到全身疼痛，多次到鄉衛生

院抓藥治病均無療效，不久便去世了。絜裏布郎去世以後家人
為他選擇了火葬，當時骨頭也燒得乾乾淨淨的，只剩下一些骨
灰；但是，第二天絜裏布郎的兒子朗則到火葬場去揭布時沒有
發現人的腳印，也沒有發現動物的腳印，因此親屬們心事重
重。自死亡之日算起每七天，家屬都會積極請和尚到家裏來為
他念經。除此之外，他們還把絜裏布郎所有的遺物拿去布施給
寺院和窮人家庭，目的就是為了絜裏布郎的靈魂得到一個好的
轉世。

但是，在「五七」的時候，他的兒子到寺廟去打卦問狀況時，
喇嘛告訴他，絜裏布郎年輕的時候多次和別人打架，動過不少
刀子，怨氣比較重，所以靈魂還沒有完全脫離六道，希望他們
繼續念經。絜裏布郎的兒子回來以後念了幾場經，但他同時悄
悄收集父親的骨灰裝入一個匣裏並帶到了自己的田地埋了。本
來那些骨灰是要帶到拉薩的名山大河去撒的，但是絜裏布郎的
兒子認為父親的靈魂沒有順利轉世，因此把骨灰撒向大自然是
沒有意義的，不如在自家的田地掩埋。這樣還有一個想念父親
甚至照顧父親的地方。

又過了 100 天，絜裏布郎的兒子再次到寺院中就父親的靈魂狀
況問卦。喇嘛經打卦後告訴他，由於他們幫助父親念了很多
經，父親可以轉世為人了，現在已經投胎在一戶人家了。這次
他欣喜萬分，回到家後他又把父親的骨灰從農田挖出來，並且
找來喇嘛念經。這次念經的目的是向佛表示懺悔和贖罪，他害
怕之前因為埋葬骨灰的做法而導致父親和自己的靈魂在下一世
墜入地獄，並於念經後的第二天把父親的骨灰帶到雅魯藏布江
一帶去撒。

　　從行為上看，以上個案中的埋骨灰與撒骨灰是一對矛盾，然而我們卻發現縈裏布郎的兒子似牆頭草一般搖擺於兩者之間。如果單純從「融合了苯教信仰的佛教信仰」這種單向性的思想體系出發，那麼朗則簡直就像患了神經病的病人一般：一方面，既然念經布施可以讓靈魂轉世，又何必埋骨灰？另一方面，既然埋了骨灰不利於靈魂轉世，又為何還要念經呢？然而，在主位解釋當中，三岩人自有他們內在的邏輯。朗則是這樣向筆者解釋的：

　　　我們藏族人和其它民族不一樣。其它民族只有一個靈魂，但是，藏族人有兩個靈魂：一個靈魂比較硬，它像毛髮一樣，會停在人的骨頭裏面；還有一個靈魂像氣一樣，遊走於人的全身。兩個靈魂都沒有生病，那麼這個人才可能健康。如果在骨頭的那個靈魂生病了，那麼你的骨頭就會痛；如果像氣一樣的那個靈魂生病了，那麼即使你的身體健康無大礙，你也會感覺不舒服，整日坐立不安。人死以後，比較硬的那個靈魂會待在骨頭裏面，那個像氣一樣的靈魂會離開身體，找一個合適的地方停留。這時候，你要照顧好那個停留在骨頭裏面的靈魂，因為這個靈魂對人世有留戀，它還會變成鬼，回到家裏找像氣一樣的靈魂。如果那個像氣一樣的靈魂在喇嘛的帶領下進入三善趣的話，鬼就不會回來，因為鬼是進不了三善趣的。[58]

　　以上資料為我們提供了一條關於解釋佛教與原始薩滿信仰交融基礎上產生的新型複合信仰中的靈魂觀念的線索。佛教由印度的釋迦牟尼所創，這位早年過著優越生活的王族公子在目睹了人世間的種種

生、老、病、死後，感覺人生無常，遂遁入空門，他所思索的問題並不是前世今生，而是如何超越人生的一切矛盾。因此，佛教雖然承認輪迴，但是最初的輪迴只不過是建立在一種「無常」的基礎上而已；它實行銷毀屍骨的葬式，正是為了實踐生命的「無常」觀。因此，佛教不承認靈魂的存在，諸如薩滿信仰所謂的靈魂永生，在佛教看來是不可思議的，因為「永生」的觀念是對佛教「無常」觀念的否定。當佛教信仰傳入藏族地區時，受到原始薩滿的強烈排斥，這時候佛教為了發展自己，不得不吸收並改造薩滿信仰的教義，那就是佛教為自己提出的「輪迴」找到了一個主體，這個主體就是「靈魂」。

　　如前所述，薩滿信仰秉承的是一種「命魂在骨骼裏、浮魂昇天、真魂永生」的三位一體靈魂觀念。[59]那麼，佛教認為這個「轉世」的靈魂是薩滿信仰的命魂、浮魂還是真魂呢？由於佛教實行銷毀屍骨的葬式，而薩滿認為人的靈魂在骨骼裏，所以佛教只能以命魂轉世加以解釋。換句話說，佛教將薩滿信仰「命魂在骨骼裏、浮魂昇天、真魂分解入命靈與浮魂」的靈魂觀念改造為「命魂轉世、浮魂昇天、真魂分解入浮魂」的思想觀念。如此一來，佛教與原始薩滿具有共同點，即雙方都把命魂看成最根本。於是，保護屍骨與銷毀屍骨就成為雙方爭奪的焦點：原始薩滿信仰要求保留骨骼，留住命魂；而佛教恰恰相反，它以六道輪迴的三善趣與三惡趣定位靈魂的轉世，並從「業」緣入手對靈魂的轉世方向做出了指南。按照《西藏度亡經》的說法，人死之初，靈魂對屍體還有一種相當強烈的依戀心理，它總是不肯離開屍體，所以這時候人們應該盡快銷毀屍骨，以利於靈魂的轉世；如果一個人死後屍骨不能完全回歸自然，則表明亡者的靈魂還在六道輪迴

---

59 參見郭淑雲：《原始活態文化——薩滿教透視》（上海市：上海人民出版社，2001
　　年）；烏丙安：《神秘的薩滿世界》（上海市：上海三聯書店，1989年）。

中煎熬，家屬這時候更應該積極念經讓屍骨回歸大自然，而不是埋葬屍骨，這樣才利於命魂的轉世。

很明顯，絮裏布郎的兒子朗則一開始為父親實施火葬明顯受到佛教信仰的影響，能夠證明這一點的就是火葬第二天的揭布儀式，他希望父親的靈魂能夠獲得一個較好的轉世。當這種願望落空以後，他選擇了埋骨灰，這種行為帶有一種祭骨的傾向。事實上，這種祭骨的心理就是原始薩滿（或者苯教）信仰關於「人的靈魂在骨骼裏」的體現。朗則也承認了這一點，如他說他埋葬骨灰是想留住父親的一個靈魂並照顧它，使它不至於變成鬼。那個時候轉世的靈魂還在六道中，如果這個靈魂丟了，也會影響轉世的靈魂實現投胎轉世。在朗則看來，在墳墓（骨灰）的那個靈魂比轉世的那個靈魂更重要，這種思想明顯是苯高於佛的體現。換句話說，當人們發現按照佛教教義去做但沒有達到效果以後，就會轉而求助於原來的苯教信仰或者薩滿信仰。但是，當朗則再次得知父親的靈魂轉世成功以後，墳墓的那個靈魂就顯得無足輕重了，他最終決定把父親的骨灰撒向大自然。這時候，在他的信仰體系中，佛教信仰又明顯高於苯教信仰，其中請喇嘛念經贖罪就是最好的證明。

三岩的土火（水）複合葬以及火土複合葬中表現的正是佛教與原始薩滿信仰交融後產生的一種新型的複合信仰。在這種新型的複合信仰裏面，佛教靈魂觀與原始薩滿信仰的靈魂觀有共存的一面。但是，正如法國人類學家路易・杜蒙所言，不同價值觀念之融合不代表它們是一種平行關係，這些不同的價值觀念之融合是「含括」在一個有等級的階序之下的。因此，靈魂最後是以何種葬式得到最終安息的，就表明哪種信仰是最高的。如果說土火複合葬在宗教信仰方面體現了佛「含括」苯、佛高於苯的一面，那麼火土複合葬所體現的就是苯高於佛、苯「含括」佛的一面。

2 複合葬與生計變遷的聯繫

我們也必須認識到，僅僅考慮宗教信仰的因素是不夠的，我們不應該忽略生計模式對葬式的影響。換言之，三岩的複合葬在葬式方面起著連接各種葬式的樞紐作用，不同葬式之起源與一個地區的人們所實行的生計模式相關。當然，不同的葬式背後也體現了不同的宗教信仰，因此複合葬既是一種生計模式向另一種生計模式轉變的體現，也是人們的一種信仰觀念轉變為另一種信仰觀念的體現。

在山岩鄉葉巴村，筆者對最近 8 年以來實行過土火複合葬的家庭生計情況進行調查，發現了一些有趣的現象：第一，實行土火複合葬的家庭經濟收入來源中牧業收入占的比例比農業收入占的比例大；相反，那些實行火土複合葬的家庭經濟收入來源中農業收入占的比例比牧業經濟收入占的比例大。第二，就整個三岩地區的複合葬比例來看，實行土火複合葬的比例要遠遠超過實行火土複合葬的比例，這與三岩以牧業為主的半牧半農的生計方式不謀而合。

筆者認為，土火複合葬是伴隨三岩歷史上從農業生計方式過渡到牧業生計方式而出現的，它在本質上體現的仍然是三岩生計方式的改變：在農業時代，土地長出來的莊稼養活了人們，從而使人們產生了一種泥土情結，在喪葬方式上很自然就實行土葬。但是，隨著氣候越變越冷，大多數土地凍土層增加，適宜種植莊稼的土地越來越少，三岩逐漸由以農業為主的生計過渡到以牧業為主的生計。與生計模式發生改變相互呼應，作為上層建築的喪葬文化也會發生相應的改變，呈現了由較穩定的土葬過渡到不穩定的火葬的趨勢。但是，這種轉變不是一蹴而就的，喪葬作為一種上層建築，相比經濟基礎而言會出現超前性或者滯後性。就土葬而言，其作為三岩當地的一種傳統葬式，穩定下來以後會呈現一種慣性力量，這樣就使人們無法在一瞬間完全拋

棄土葬，於是在當地生計模式的轉型時期就有了土火複合葬或者火土複合葬等多種葬式。

第四節　死而不死：隨心所欲地再生

一　複合信仰：紅高於黑或黑高於紅

顯然，三岩存在佛教信仰，但也有大量的苯教信仰和巫術活動。在很多情況下，這些不同的信仰交織在一起，其衝突是非常激烈的，情況類似於早期吐蕃腹地的佛苯之爭。《西藏王臣記》一書中在提到文成公主向吐蕃傳播佛法時寫道：

> 白天所修的建築物，晚間即遭鬼神搗毀……文成公主依據中原的《八十種五行算觀察法》來細推觀察，而知道雪域西藏的地形，儼若羅刹魔女仰臥的形狀……她在羅刹魔女的左肩上建察珠寺，在右足上建章丈寺，在右肩上建噶察寺，在左足上建仲巴江寺院等，這是鎮壓四邊的四大寺院……從此，佛教也隨之興盛起來。[60]

很明顯，這些故事其實就是佛教與苯教鬥爭的晦澀反映，其中的鬼神破壞寺廟建築物隱喻苯教對佛教的阻撓。而從這個傳說本身來看，佛苯之爭的結果最終是身為佛教徒的文成公主以佛法鎮住了羅刹女鬼，佛法的威力毫無疑問地凸顯了出來。與其它藏族聚居區相同，

---

60 第五世達賴喇嘛著，劉立千譯：《西藏王臣記》（北京市：民族出版社，1982年），頁37-38。

三岩也存在類似的傳說。據說，三岩其實是一名仰臥著的女鬼變成
的，在女鬼的薰陶下，三岩人養成了偷、搶、盜的風氣，他們的佛法
觀念很弱。早些年曾經有多位喇嘛前來向三岩人傳經，但他們白天背
誦的經文過了一個晚上以後總是忘記得一乾二淨。後來，一名叫葛阿
業當巴的喇嘛看了三岩的地形以後，製作了一個鍋蓋——羅麥的亞吉
寺，蓋住了女鬼的頭，又製作了一把劍——沙東鄉的朗措寺插入了女
鬼的心臟，最後製作了一對鐐銬——敏都鄉的宮九傑寺鎮住了她的雙
腿，此後，女鬼被制服得服服帖帖。從此，三岩人的佛法觀念變強
了，人們樂於念經和轉經。筆者在田野調查期間還聽到家住在貢覺縣
城的 76 歲老人金寶關於雄松鄉地形的另一種說法：

> 雄松那個地方是三岩大瓶子的口，只有一條路進去，進去以後
> 出來也很難。陸地從海裏升上來的時候，觀音菩薩就把惡鬼趕
> 進瓶子讓他們出不來。所以，現在你發現雄松人是最凶的。幾
> 百年前，有高僧到三岩去傳法，它一眼就看出了問題，接二連
> 三在雄松那裏建立了 3 個寺廟把鬼的邪氣全部鎮住。現在，雄
> 松人不敢到寺廟附近去搶東西，因為喇嘛會咒法讓冰雹打壞他
> 們的莊稼。[61]

　　表面看來，三岩的情況似乎也是佛教對苯教取得了壓倒性的勝
利。但是，我們不能就此認為三岩人已經把苯教信仰融入佛教信仰的
體系中。因為，在三岩人的觀念裏面，鬼並不總是被佛鎮住的，有時
候它們非常厲害。三岩人認為，要是一個人在平時走路的時候被惡鬼
纏身就容易丟掉性命，特別是夜晚當人們走在偏僻的道路時非常容易

---

61 採訪時間：2012年11月。

與惡鬼相遇，惡鬼對人的折磨就是慢慢黏附在人的身上，無聲無息地喝此人的血，久而久之，這個人就開始生病。這時候，此人去找醫生治療是不起作用的，如果惡鬼厲害，就算找喇嘛念經也不一定能挽救自己的性命。當最終沒有辦法找到一個切實可行的解決方案時，此人就會走向死亡。在三岩，人們最害怕的是那些在墳場生活的鬼。報導人格桑老人曾用陰森的語氣向筆者講述道：

> 墳場的鬼沾有傳染性非常強的屍毒。如果你經過墳場的時候聽到有人在叫你的名字，這時候你千萬不能答應，不能停留，也不能回頭看。因為那是鬼發出的一種氣體——屍毒在叫你，如果你答應的話回到家裏會立刻患病，嚴重的話會死亡。如果家裏有哪個親屬快去世了，你經過那個地方時也會感覺有人用石頭砸你的後背，這時候找喇嘛和阿尼都沒有用，只能為家人準備後事。[62]

以上例子清晰地表明，在三岩人的信仰體系裏鬼的威力極大，它能夠給人間帶來各種各樣的災難，這些鬼靈厲害到什麼程度呢？——「找喇嘛和阿尼都沒有用」。可見，有些惡鬼比佛的道行要深。或許是因為有這樣的認識，人們在日常生活中並不總是求助於宗教。如果一個人因為鬼纏身而生病了，念經不起作用的話，人們就會轉而求助巫術，試圖把鬼驅趕走。比如上文提到的「絷棱」是一種餓鬼，人們可以通過巫術驅趕它，甚至把它殺死。

除了鬼以外，三岩的神又如何呢？三岩人認為神有很多種，每種神的法力也不一樣，大多數的神不會對人類使壞，他們都是善良的，

---

62 採訪時間：2012年11月。

不僅如此，很多神都已經在佛的感化下充當了人類的保護神。例如，三岩就流傳著灶神在觀世音的點化下將青稞種子帶給人類的傳說。事實上，類似的情況在衛藏地區非常普遍。例如，《青史》的說法就是「蓮花生大師首先和西藏的十二女神較量，運用威力懾服諸女神，令其受灌頂而許誓守護正法，漸次前來北道，使塘拉等神立誓護法」[63]。這些情況說明，先後歷經苯教與佛教洗禮的藏族人在宗教信仰方面普遍呈現了一種佛教信仰高於苯教信仰，或者說苯教信仰融入佛教信仰的情況。但另一方面，三岩人也認為，佛的法力並不總是大於神的法力。許多三岩人認為，神靈是不能夠隨便得罪的，包括喇嘛也不能得罪神靈，特別是神山。如果有老百姓不小心得罪某個神靈，他們很快會遭到神靈無情的鞭撻。這時候，老百姓需要請大喇嘛出面向神靈企求原諒。喇嘛所用的辦法是通過做法、念經與神靈溝通，然後道歉、懺悔，懇求神靈的諒解，讓他們收回一切懲罰，不要給村裏下冰雹。不過，這項法事不是隨便哪個喇嘛都能做得到的，那些道行一般的喇嘛無法達到與神靈溝通的地步。

這個例子清晰地表明瞭在三岩人的信仰體系裏苯教神靈的威力，它能夠給人間帶來各種各樣的災難。苯教的神靈達到什麼程度呢？──一般的喇嘛法力有限，無法與它們溝通；而那些法力高深的喇嘛與神靈溝通的方式不是壓制、驅趕這些神靈，而是以道歉、懺悔的方式獲得神靈的原諒，這說明喇嘛的法力是不如神靈的。不僅如此，如果神山看中了一個普通人，還能夠讓他成為法力高深的喇嘛。例如，山岩鄉葉巴村就流傳著這樣的傳說。據說幾年前，該村的一個老百姓在上山砍柴的時候突然被意達神看中了，被意達神帶到一個山洞裏住了許久，在那裏吃的、喝的食物都與家裏不同。當意達神離開

---

63 廓諾‧迅魯伯著，郭和卿譯：《青史》（拉薩市：西藏人民出版社，2003年），頁29。

他的時候，從來不識字的他突然看懂了許多經文，會念很多經，後來，他成為一名法力非常高深的喇嘛，由此獲得了全村老百姓的稱讚。老百姓都認為他就是意達神的化身。意達，即葉巴村一座神山的名字。該山位於葉巴村東北方向，海拔 5,200 公尺，是葉巴村附近最高的一座山，神山能決定一個平常人變成喇嘛的傳說在藏族聚居區的其它地方並不多見。上述兩個例子體現的內在邏輯已經非常明顯了，那就是苯教信仰高於佛教信仰的複合信仰體系。

　　簡而言之，三岩有多種信仰並存，但並沒有出現哪一種信仰絕對高於另一種信仰的情況。在佛教、苯教與巫術裏面，三岩人會根據他們所面對的對象來選擇其中一種信仰為主導，將另外一種或者兩種信仰作為主信仰的輔助工具，從而實現他們預設的目標。表面看來，這套信仰體系似乎雜亂無章，三岩人可以隨意使用，但事實上，他們對此也有大致的分類。報導人金寶認為：

> 宇宙中有佛、神還有鬼，他們與人有千絲萬縷的聯繫。一個健康的人如果生病，大致由幾種原因造成：其一是平時念經太少，這類人生的病大多是小病，如感冒、拉肚子、發熱等。其二是得罪地上的年神或水中的魯神，這兩種神都會降罪於人，但是懲罰方式稍有不同：地上的年神主要讓你的耳朵爛掉、手腳骨折、眼睛失明；而水中的魯神主要讓你的皮膚潰爛、肚子長瘡、臉上長疙瘩或者將一些傳染病傳到你的身上。其三是被各種各樣的鬼附身，每種鬼附身的表現都不同，但有一點是相同的——這些鬼會奪走人的靈魂，使這個人會變得虛弱無力、臉色蒼白、吃不下飯、睡不了覺，整天胡言亂語、瘋瘋癲癲，時間長了就死掉了。
>
> 由於發病的原因不同，所以只要從一個人患病的情況就可以大

概知道是什麼原因造成的。不同的原因要使用不同的方法治
療。如果是感冒、拉肚子這樣的疾病，只要自己在家裏的經堂
多念經，再吃點藥就好了；如果是因為得罪年神或者魯神的，
必須及時到大喇嘛那裏，讓喇嘛幫忙念經。通常情況下，喇嘛
會念一種叫《協》的經文，「協」的意思就是以一種下等的姿
態面對神靈，請求神靈的原諒，這樣病才能夠好。如果是被鬼
附身，要看是什麼樣的鬼，平常人看不出來，但是大喇嘛可以
看出來，他可以打鬼並把鬼趕跑。有時候喇嘛會念一種叫
《嘠》的經文，就是專門驅鬼的，鬼被驅走以後，人的病也就
好了。但是，陰間的鬼和人一樣，也有強弱之分。對於那些打
架死亡而變成的鬼，由於它們的怨氣太重，不可強行驅趕，而
要請阿尼做法把它們送走。[64]

二　「插花地式」的復活手段

由於三岩地域的複雜性，使得不同信仰的傳播程度與深度不盡相
同。不同的信仰又相互鬥爭，彼此融合，顯示了強大的張力。一方
面，不同的宗教信仰可能支持不同類型的葬式，也有可能支持相同的
喪葬方式；另一方面，不同的喪葬方式可能體現了相同的死亡觀，相
同的喪葬方式也可能體現了不同的死亡觀。由於這裏的佛教信仰、苯
教信仰與巫術信仰並不存在誰絕對「含括」誰的問題，因此它們各自
支持的葬式和死亡觀就會呈現出此起彼伏的現象，其消長或興衰取決
於隱藏在喪葬類型背後信仰的拉鋸戰，三岩人的死亡觀時常搖擺於苯
教信仰與佛教信仰之間。

---

64 訪談時間：2012年11月。

　　苯教的死亡觀是以靈魂復活為核心建構起來的，它體現的是靈魂不死的信念；而佛教的靈魂觀則是以業報輪迴為基礎建立起來的，主張輪迴轉世。於是，三岩藏族人在處理各種屍體時就會根據具體情況在這兩種死亡觀中為死者的靈魂歸宿進行選擇。

　　如果純粹從佛教的觀點來看，「在藏傳佛教中，一般信徒最高的願望是前往極樂世界，其次則是進入三善趣（其中以人為重，因為有修法的機會），而惡趣是極力要避免的」[65]。臺西寺的白洛活佛說：

　　輪迴也就是三岩老百姓常說的投胎，投胎到哪個空間要看這個人生前的業力。生前勤於行善、念經、布施的人死後會轉世到三善趣，三善趣中以人為好，因為可以繼續念經，讓下一輩子進入極樂世界。生前作惡太多的人死後靈魂可能會下地獄，但是他可以在家人的幫助下多做布施和念經，這樣可以補救，讓他的靈魂脫離苦海轉世為人。[66]

　　在佛教教義看來，帕措文化所主張的偷盜、搶劫很明顯是一種惡，但是這種惡並不可怕，因為這些人死後靈魂可以不用下地獄，只要死者臨死前大徹大悟並以自己的軀體廣結善緣。麻貢寺的喇嘛說：

　　　　如果一個人生前作惡過多，但死後能誠心悔悟，以自己的血肉
　　　　之軀去拯救生命、廣結善緣，同樣可以使自己的靈魂脫離三惡
　　　　趣。天葬是一種方法，土葬也是一種方法，因為將自己的軀體
　　　　奉獻給泥土的蟲子同樣是廣結善緣。[67]

　　但是，也有部分高僧不認同這種說法，他們給筆者講述了靈魂轉世的另一種方法：

65　才讓：《藏傳佛教民俗與信仰》（北京市：民族出版社，1999年），頁226。
66　採訪時間：2012年11月。
67　採訪時間：2012年11月。

要想靈魂脫離六道,前往極樂世界,有很多種方法。生前做善
事,死後讓家屬多布施是一種方法。有些人家沒有錢,不用布
施;如果他經常勞動,也不需要天天念經。但是,他要對佛祖
有一顆虔誠的心,這種「心」不是用物質能夠表達的。去年,
有一個老太太信佛,她也沒有天天念經,只是每天外出幹活經
過村子的白塔時繞著白塔轉半圈再過去,結果她死後靈魂很快
得以投胎。[68]

　　以上兩種說法雖然有差異,但有共同點,那就是要求人們一心向
佛。然而,三岩人認為,一心向佛不是使靈魂脫離苦海的唯一途徑。
75 歲的格桑老人告訴筆者:

人死後,靈魂何去何從不單單取決於念經布施。有時候布施念
經有用,有時候一點用也沒有,這要看情況。我們每個人的生
活都依靠帕措,我們年輕的時候整個帕措到外面去搶劫,相互
打架、動刀動槍是常事。如果一個人為了帕措的利益殺死了冤
家,他就是英雄,他死後就不需要布施,因為他靈魂可以昇天
成為神,而不是下地獄成為鬼;相反,那些膽小的人死後才需
要家屬去布施。還有,如果一個人不是為了帕措的利益去殺
人,他死後家屬也要去寺廟布施或者給窮人布施,但是我們厭
倦接二連三地布施,一是生活並不富裕,二是折騰不起這些時
間。去年,我們這裏有一戶人家就是這樣,他們到尼更寺去布
施好幾次了,但另外請喇嘛來算命的時候又算出親人的靈魂沒
有轉世成功。前幾個月,他們一家人又跑到昌都那邊去布施。

---

68 採訪時間:2012年11月(報導人:藏傳佛教僧人,地點:臺西寺)。

要是我，還不如找阿尼做法來得方便。[69]

　　就三岩人的信仰而言，一旦人們認為念經布施不起作用，他們可以完全拋棄六道輪迴中的三惡趣之觀念，轉而求助苯教信仰，如實行土葬、保存骨頭或者請阿尼做法。

　　事實上，三岩藏族人將帕措文化中的搶劫、偷盜視為光榮的行為，無疑受到苯教信仰濃厚遺風的影響，因為苯教並沒有用偷、搶、殺的行為去評價一個人的善惡。不僅如此，在苯教看來，只要經常祭祀，死去的生命就會復活。毫無疑問，祭祀已經具備了特殊的功能——避免靈魂墜入三惡趣。

　　在三岩，由於苯教關於靈魂可以復活的觀念保存得比較完整，人們樂於實行土葬，無形中也把土葬作為拯救靈魂的手段了。土葬能夠拯救靈魂，但是不等於說銷毀屍骨就不能拯救靈魂。譬如，人們對於那些為了帕措利益鬥毆而死於刀口槍口的死者實行火葬，火葬時向天空撒青稞、糌粑等去孝敬天神也是拯救靈魂的一種手段。這樣，拯救靈魂的目的同樣可以達到。

　　三岩的複合葬文化模式是依賴於半牧半農的生計模式並在離散的帕措社會結構基礎之上生成的。半牧半農的生計在自然環境方面表現了巨大的差異性，而離散的帕措社會結構裏，人們可以根據提前設定的目標隨心所欲地選擇葬式，因此三岩的喪葬顯示了紛繁複雜的一面，筆者以複合葬命名之。

　　這套喪葬文化模式有以下幾個特點：第一，苯教信仰與佛教信仰在所支持的葬式方面有明顯的區別。與其說兩者是相容的，不如說兩者之間有鬥爭更確切一些。苯教信仰所支持的火葬、土葬與水葬分別

---

69 採訪時間：2012年11月。

將靈魂送往天上、地上（復活）與地下的觀點，明顯是古老的苯教等級觀之重現，然而佛教無論死亡原因全力推行天葬，無疑將這種等級觀打破了。第二，雖然這一套死亡觀中呈現了六道輪迴的三惡趣，但在三岩人看來，任何死者的靈魂都不太可能進入此迴圈。喇嘛在推行天葬時會保證為死者念經超度，全力幫助死者的靈魂進入三善趣。但是，佛教主張業報輪迴，人死以後靈魂能否進入三善趣在很大程度上取決於一個人的善業；而帕措文化卻視偷、搶為光榮的行為，於是在邏輯上立即產生了一個悖論，即生前做出偷盜、鬥毆等種種行為的人實行天葬也未必就能進入三善趣。

在田野調查中，筆者發現不少家屬在給那些死於刀口下的人實行天葬以後到喇嘛那裏去算命，仍然算出這類人的靈魂在三惡趣中。這種情況迫使三岩人轉而求助古老的苯教或者薩滿信仰，因為在這些更古老的宗教看來，此類行為是解決人類生存的一種方式，無所謂善惡之分。因此，在三岩人的信仰體系裏，死者的靈魂不可能進入三惡趣，除非這個人做出令整個帕措丟臉的事情而被帕措開除。第三，三岩人所構建的死後世界只是將佛教六道輪迴的三善趣繼承了下來，對三惡趣幾乎視而不見（筆者將三惡趣畫在虛線外面），所謂對靈魂的懲罰更多的是依賴於古老的苯教信仰（水葬）。因此，三岩人在涉及死亡問題時最忌諱出門摔死。但是，只要個人在帕措組織受到別人尊敬，即使發生此類現象，整個帕措也會為其實行天葬將其靈魂送入三善趣。

第五章
土火二次葬文化模式：在孝道中實現轉世

第一節　雲南羊拉鄉：一個河谷農業區

　　本書的第三個田野點是位於雲南省迪慶藏族自治州德欽縣的羊拉鄉。提起羊拉鄉，讀者或許感覺陌生；但是，說起香格裏拉，眾所週知。這個距雲南省會昆明 590 公里、作為迪慶藏族自治州首府的城市因《消失的地平線》[1]一書早已聲名鵲起，吸引著全球旅遊者的目光。

　　由香格裏拉沿 214 國道往西再行駛 3 小時便可到達奔子欄。奔子欄，又稱「崩子欄」，藏語發音系「公主起舞的樂園」之意。按當地的傳說，奔子欄名稱的由來與唐朝入藏的文成公主有很深的淵源。據說，文成公主曾由此路進藏，途經奔子欄時停留了很長時間，她不但把漢人的舞蹈傳授給了奔子欄的藏族，亦在此地學會了藏族的舞蹈。雖然已有的歷史研究成果不足以證明文成公主由此入藏[2]，然而此傳說在滇西北流傳之廣，足以表明歷史上的奔子欄在漢藏文化交流方面

1　〔英〕詹姆斯・希爾頓著，胡蕊、張穎譯：《消失的地平線》（昆明市：雲南人民出版社，2006年）。該小說講的是20世紀30年代4名西方人闖入了神秘的中國藏族聚居區，在一個虛構的世外桃源——「shangri-la」（漢語譯音「香格裏拉」）生活的故事。此書出版後引起無數人尋找書中所描述的世外桃源，而雲南省迪慶藏族自治州的中甸縣甚至將自己的縣名改為「香格裏拉」。

2　參見蘇雄娟：《唐朝與吐蕃和親研究》（昆明市：雲南大學歷史系博士學位論文，2001年），頁56-61。

曾扮演著重要的角色。這有文稿印證：

> 自墩出中甸差役夫馬等，人共顧（雇）夫馬，由奔（子欄）送
> 至中甸交界賢道地方止，由中甸去墩，自奔（子欄）送，頭人
> 顧（雇）送於阿墩子止。[3]

由於扼滇藏交通線的咽喉，奔子欄自古以來就是茶馬古道的中轉站。目前，奔子欄是由香格裏拉至德欽的必經之地，客人們無論從香格裏拉還是從德欽出發，到了奔子欄必定要停車吃飯，或者留宿一晚，奔子欄鎮也因此成為滇藏交界一帶最紅火、最熱鬧、最繁華的城鎮之一：

> 由滇入西藏之必經要道，並為西康與滇人貿易之市場，此間人
> 民，因習康藏內地之情形，往往用馬騾販運滇省出產之茶、
> 布、紅糖、銅鍋等前往貿易，而販回毛氈、褥子及蟲草、麝
> 香、貝母、知母等藥材到麗江等地出售。[4]

其實，奔子欄不僅在漢藏溝通方面起到樞紐的作用，它更是以其獨特的地理位置把中西的商業貿易早早連接了起來。今天，穿行於奔子欄一條僅 500 公尺左右長的街道，我們還會驚訝地發現這裏有許多「洋貨」。據說那些擺在地攤上賣的葡萄酒，就是百年前法國傳教士從遙遠的歐洲帶來的「玫瑰蜜」，而且這種「玫瑰蜜」在歐洲已經絕種。由此不難想像，這裏從來都是一個充滿生機與活力的世界。也正

3　〔清・光緒〕《奔子欄一帶地方番老民》呈文稿，轉引自王恒傑：《迪慶藏族社會史》
　　（北京市：中國藏學出版社，1995年），頁149。

4　和永惠：〈雲南西北之康族〉，《西南邊疆》1940年第8期，頁71-74。

因為如此，奔子欄與昇平鎮的藏族人很早就有了強烈的商品經濟意識。20世紀30年代，劉曼卿在滇藏行程中做了以下記錄：

> 本地婦女不農不牧，專靠與阿覺哇交易為生。最可奇者，阿敦婦女每年春間，觀諸天象徵兆，常評斷本歲阿覺哇來敦之多寡，猶似農人之望秋，此亦怪事也。[5]

　　由奔子欄沿金沙江北上便是本書調查的田野點——羊拉鄉。歷史上，羊拉對外的交通要道有兩條：其一是向南走大約80公里的路程到達奔子欄，然後向東入漢地；其二是向西南走約120公里的路程來到德欽昇平鎮，再由此地朝西入藏地。換言之，羊拉藏人只要外出，必經過茶馬古道重要的中轉站——奔子欄與德欽昇平鎮。其實，在下文中我們將發現茶馬古道的商品經濟意識在很早以前就沿著這些交通要道流入羊拉，儘管這裏曾經被媒體稱為「雲南最偏僻、最邊遠的鄉」。

一　茶馬古道旁的羊拉鄉

　　羊拉鄉在行政上屬迪慶藏族自治州德欽縣管轄，地理座標為東經99°05'23.7"、北緯28°54'58.8"，因地處滇、川、藏三省（自治區）的結合部而素有「雞鳴三省」的美稱。全鄉約1 087平方公里，轄4個行政村，分別為甲功村、羊拉村、規吾村和茂頂村，人口8 216人，藏族占到99%以上，也因此被稱為「純藏族鄉」。[6]羊拉鄉北部與西藏芒康縣的徐中鄉山水相連，東與得榮縣的貢波鄉隔金沙江相望。

5　劉曼卿：《國民政府女密使赴藏紀實——原名〈康藏軺徵〉》（北京市：民族出版社，1998年），頁150。

6　資料來源於羊拉鄉政府提供的資料。

　　境內除了河流以外便是山峰，多沿金沙江分佈。比較著名的山峰有：察裏雪山，海拔 5,000 公尺，其中埡口 4,799 公尺；白馬雪山，海拔 5,213 公尺，其中埡口 4,352 公尺；甲午雪山，海拔 5,220 公尺，其中埡口為 4,693 公尺；閏子雪山，海拔 5,384 公尺，其中埡口 5,034 公尺。這些山峰在藏族群眾心目中都是神聖不可侵犯的神山，其間還生活著一些名貴的動物，如滇金絲猴、林麝、盤羊、黑熊、藏馬雞、馬鹿等。高山上的草場除了可供畜牧業發展，還盛產名貴藥材，如蟲草、貝母、知母、丹皮、當歸、雪茶、雪山一枝蒿、黃連等。

　　氣候方面，來自印度洋的濕潤氣流順河谷北上遭遇橫斷山脈的阻擋，使氣流越過橫斷山脈時濕度開始變小，導致羊拉鄉的氣候表現為炎熱、乾燥和少雨的特徵。一年中冬季長，夏季短，春季升溫快但不穩定，秋季降溫迅速；晝夜溫差大。年平均氣溫為 15 攝氏度左右。羊拉鄉年降雨量是 374 公釐。很明顯，羊拉的降雨量是偏少的，而且降雨期多集中在每年的 5 月到 6 月，因此，羊拉是典型的乾熱河谷氣候。除了降雨，羊拉還有一個特點就是颮風，多集中於每年 10 月至翌年的 5 月，這段時間刮大風非常頻繁，颮風時氣溫會隨著地勢的升高而升高，而且在海拔高的地方容易發生火災。

　　在當地流傳甚廣的傳說中，「羊拉」這個名字有著詩一般的意境。據說很久以前，這一片土地上產有大量的牛，這些牛的角慢慢化成一座座神山。其中，西北有一座叫「達冬」的神山陡峭而向內彎曲，是犛牛左角變成的；右邊有一座叫「絨宗」的山與其對稱，是犛牛右角的化身；而中間還有一座叫「南冬」的山向前突出，又粗又大，是犛牛頭變成的。「羊拉」由此得名。在藏語的發音中，「羊拉」就是「犛牛角」的意思。已有的研究成果證明，唐代之前的金沙江峽谷是「白狼羌」的活動範圍。據和志武的考證，「白狼羌」就是「犛

牛羌」的一支。[7]換句話說，古羌人是羊拉鄉最早的先民之一，儘管在羊拉鄉普通老百姓的記憶中，他們將自己的祖先追溯到吐蕃時期從衛藏前來戍邊的士兵。

二　以農業為主的生計模式

一個社會的生產離不開特定的時間與空間，而這些時間與空間在很大程度上又受到峽谷自然環境的影響。與上述自然生態相適應，羊拉人的生計模式表現為以農業為主的特點。但是，這種以農業為主的生計模式也許並非從來就有的。羊拉鄉茂頂村 75 歲的老人縈巴向筆者講起了羊拉人學習種水稻的故事：

> 很早的時候，我們的祖先只會養牛和放羊，不會種地。但是，「絨仲」（指納西族）來了以後，他們就挖水池，在金沙江河谷那些低的地方開墾出一塊塊的土地，並且使用我們的牛去幫他們犁田種水稻。漸漸地，我們就跟著他們學習種田。後來水稻長起來了，它的產量高，比糌粑好吃，所以我們就慢慢將水稻作為主食了。但是茂頂的土地有限，不能大面積地種植水稻，於是我們開墾那些高海拔的荒地，但是「絨仲」說海拔高的地方長不起來。我們就改在那些地方種青稞和大麥、小麥。年復一年，慢慢地，原來放牧的地方都開墾成種植的地方了。現在我們這裏放牧的已經很少，每家每戶還是有牧場的，主要是 3 月的時候才去，但是去那裏不是放牧，而是採羊肚菌。放牧比

7　參見和志武：〈藏文化對納西文化的影響〉，《藏族學術討論會論文集》（拉薩市：西藏人民出版社，1984年）。

較麻煩，因為你必須住在那裏，家裏的人還要定時帶糧食上
去；種地比較省事，農田都在自家的附近，方便照料家務。[8]

茂頂村位於羊拉鄉南部，與奔子欄接壤，海拔僅 2 500 公尺，氣
候介於濕潤、半濕潤之間，適合精細的農業耕作。這裏不僅生產青
稞、大麥、小麥、馬鈴薯和雜豆等，在靠近金沙江河谷更低的地方還
可以種植水稻。現在茂頂村的老百姓一日三餐有兩餐是吃米飯，糌粑
只是在早茶的時候才食用，飲食習慣亦可體現出農業生產結構。除了
農業種植以外，羊拉還以種植水果作為副業，如種植核桃、石榴、蘋
果、黃果等。

由於採取以農業為主的生計，羊拉人的生產時間體現了一種生態
規律。例如，習慣於將各種不同類型的生產與自然界的變化聯繫起
來：他們經常通過觀察山峰上雪線所在的位置來判斷採集的季節，又
通過辨認昆蟲的叫聲來判斷春耕的時間。表 5-1 是他們一年的經濟生
產安排。

表 5-1　羊拉鄉藏族群眾年度經濟生產安排

時間	年度經濟生產安排
春季（1-3 月）	找豬草、牛草與小麥葉子，養護果樹，做家務，春耕，播小麥
夏季（4-6 月）	給果樹澆水、找豬草與牛草、做家務、收割小麥、種雜豆、到山上採集、飼養牛羊
秋季（7-10 月）	收穫雜豆、玉米、核桃、蘋果、梨，積肥料，準備冬天給牛羊的乾草
冬季（11-12 月）	修房子、砍木料、砍柴、打掃房屋、殺豬過春節

8　訪談時間：2011年9月。

　　概而言之，羊拉藏族群眾一年中的生產主要是圍繞農田進行的。然而，這些生產含有許多商品經濟的交換觀念，主要包括插秧、播種、收割、修房等生產行為。

　　「交換」的行為可以發生在勞動力之間，也可以發生在勞動工具之間。勞動力之間的交換包括「換工」與「買工」。「換工」是指在農事生產上雙方相互交換勞動力的行為。例如，每年收割小麥之際，甲家派出 1 個勞動者幫乙家做 1 天的工；輪到甲家收割小麥時，乙家也會派 1 個勞動者前往幫 1 天忙。表面上看，「換工」體現的人情味很濃，其實不然，每個家庭的主人心裏都記有一本經濟賬：如甲家這次派出 2 個勞動力幫乙家收割 1 天的小麥，輪到甲家收割小麥時，如果用不上那麼多勞動力，甲家便主動向乙家提出只需要 1 個勞動者幫忙，這時候，乙家很明顯還欠甲家 1 人 1 天的勞動量，他需要尋找機會將所欠的勞動時間還給甲家，如在甲家修房子或從事別的生產的時候主動前去幫 1 天忙。如果說「換工」只是一種隱性的交換，那麼「買工」就是一種顯性的交換了。所謂「買工」，就是指東家以付現金的方式買入勞動力從事勞動的行為。如某個家庭需要松葉子積肥料又沒有足夠的勞動力，便以每「背」松葉 50 元的價錢雇人幫忙。

　　勞動工具的交換也時有發生。例如，羊拉鄉鄉民過去在耕地的時候主要使用牛，但近些年來，從香格裏拉縣傳入的犁地機因勞動效率高而大受青睞，因此一些沒有犁地機的家庭通常在等待別人犁地結束以後以租賃的方式向東家租用犁地機。其交換原則是，租用犁地機 1 天應付給被租借人 40 元，在使用犁地機的過程中，租借人還承擔其在使用犁地機過程中所耗費的油錢，頗具商品經濟的色彩。

　　農業生產中大範圍存在的種種交換行為無疑深深影響了當地的社會結構。譬如，以普遍受學術界關注的藏族男性群體與女性群體的關係而言，「在當地人看來，與其它地區的藏族女性相比，當地的女性

似乎已經自然具備了一份顯著的權利。這就是廣泛從事商業貿易活動以及與家庭以外社會更多地接觸，因為在迪慶文獻中的很多地方，這兩個領域是尤其禁止女性涉入的」[9]。事實上，羊拉社會並不存在諸如玉樹巴塘社會那樣明顯的部落等級結構，也不存在諸如川藏三岩區的那種離散的帕措組織；相反，商品經濟所要求的平等觀念充分地體現在羊拉人的思維中，羊拉的社會結構體現了法國社會人類學家迪爾凱姆筆下的「有機團結」。

第二節　黃「含括」儒：土火二次葬文化興起

12 世紀以後，藏傳佛教在吐蕃的腹地捲土重來，並開始向迪慶大規模傳播，由此引發了迪慶喪葬文化的變革。

一　從白教到東巴：分肢水葬與等級火葬的呈現

（一）白教南傳與分肢水葬興起

1 噶舉派入主滇西北

1147 年，藏傳佛教噶舉派黑帽係一世活佛到康區傳教。期間，該係二世活佛噶瑪拔希從大都到康區傳教的時候曾路過德欽，並寫下著名的卡瓦格博禱文，尊稱「絨贊卡瓦格博是一切智慧和世間的神殿」[10]。噶舉派由此成為入主滇西北最早的一支藏傳佛教教派。14 世

9　王天玉：《論多偶制度下藏族婦女的角色與地位：以滇西北德欽縣的尼村為例》（廣州市：中山大學社會學與人類學學院博士學位論文，2012年），頁61。

10　迪慶藏族自治州民族宗教事務委員會：《迪慶藏族自治州宗教志》（北京市：中國藏學出版社，1994年），頁6。

紀以後，逢木氏土司經營康區，木氏對噶舉派禮遇有加，大力扶持，邀請紅帽係二世活佛喀覺布的得意弟子曲貝益西的徒弟支梅巴充當了木氏土司的「國師」。[11]噶舉派因此實力大增，直到木氏土司退出康區，德欽所有的藏傳佛教寺院幾乎都屬於噶舉派。

噶舉派入主滇西北的同時，將佛教所推行的喪葬文化也傳入迪慶。由於噶舉派在經營滇西北期間得到木氏土司的支持，兩者構成了一個龐大的統治階層。這時候，羊拉的喪葬格局也呈現了濃厚的等級色彩：火葬是最高貴的葬式，基本上是高僧、木氏等有身份、有地位的人士所使用的；而土葬是最下賤的葬式，一般僅用於奴隸階層。

2 分肢水葬的興起

與噶舉派傳入滇西北的同時裏，天葬在滇西北也逐漸風行起來，「阿敦子以上，人死延喇嘛誦佛經三日，吹笛而雕至，剖肉拋而食之」[12]便是明證。然而，天葬畢竟受限於地理環境，迪慶面積頗大，整個地區海拔高度不一，垂直差異明顯，在一些海拔低的地方，譬如金沙江支流的河谷地帶，由於缺乏天葬中所必需的司儀──禿鷲，因此無法實施。於是，分肢水葬便應運而生。羊拉 58 歲的水葬師尼追在談起他做水葬師的經歷時說道：

> 我是 25 歲開始做水葬師的，我的祖祖輩輩都從事葬師這個職
> 業。我父親在 10 年前去世了。聽他說，他的祖父以前就是天葬
> 師，只是後來沒有天葬了，他才做水葬師。天葬與水葬在肢解
> 程序上大體一致，在水葬的時候要把屍體肢解成 108 塊。這是

---

11 參見楊福泉：《納西族與藏族歷史關係研究》（北京市：民族出版社，2005年），頁137。

12 王恒傑：《迪慶藏族社會史》（北京市：中國藏學出版社，1995年），頁185。

　　因為108塊肉可以布施給宇宙間的一切生物，能夠拯救宇宙間
　所有有生命的靈魂。[13]

　　從田野調查的情況看，羊拉的分肢水葬點多集中在海拔較低的河
流地帶，從生態環境方面考慮，那些地方確實不適宜天葬，因為天葬
所必需的禿鷲一般生活在海拔3 300公尺以上的地區。在噶舉派入主
滇西北之前，當地是否盛行水葬已無從得知，但有一點是毋庸置疑
的，那便是今天茂頂地區的水葬很明顯是模仿天葬創立的。

　　首先，分肢水葬與天葬都由專職人員實施。玉樹的天葬有專門的
天葬師，而羊拉的水葬有專門的水葬師。無論是天葬師還是水葬師，
他們都不是來自民間，而是寺院的普通僧人。其次，從分肢水葬與天
葬的程序和步驟來看，兩者也存在明顯的關聯。例如，分肢水葬對屍
體下第一刀的部位與玉樹天葬的相同。另外，茂頂村在實施分肢水葬
時以將屍體分解成108塊為吉，水葬師認為這是為了死者的靈魂順利
轉生所做的。其實，根據史料也可以看出噶舉派與108這個數字的聯
繫。例如，歷史曾明確記載噶舉派的創始人瓊波南交在傳法之時就立
志在香地建108座寺院的說法。[14]在金沙江上游的玉樹巴塘鄉，當噶舉
派創始大師覺哇久丁桑貢建立巴塘天葬臺時，為了把諸神鬼活動的場
景刻下來，就在施屍臺下放著108塊長方形的石板，同樣，在玉樹巴
塘鄉天葬時也是把屍體砍成108塊。這一切巧合恐怕不能用「偶然」
二字給予解釋。最後，從當地人的解釋來看，兩者之間的關聯性也是
存在的。在茂頂，肢解水葬之所以流行，一個重要的原因就是老百姓
認為這種葬式可以將自己的肉身喂水中的魚蝦，這無疑是受到佛教關

---

13 採訪時間：2011年10月。
14 參見魏強：《藏族宗教與文化》（北京市：中央民族大學出版社，2002年），頁206。

於「易肉飼鴿」的故事的影響。在茂頂老百姓的觀念中，他們將水葬與分肢水葬區分得很清楚。一般而言，他們將整個屍體投到河流中被河水沖走的葬式稱為水葬，而把這種分肢水葬稱為天葬。

羊拉地區的分肢水葬與天葬存在一脈相承的關係，也得到了則母寺堪布的證實。他說：

> 分肢水葬也就是天葬，只不過前者將屍體布施給河裏的魚蟹，後者將屍體布施給禿鷲，本質並沒有什麼區別。中游河在閏子雪山的山腳下，以前閏子雪山的半山腰有一個天葬臺，一些雲遊的僧人也在那裏零零散散主持過天葬。後來，那些僧人走了，生態環境也惡化了，禿鷲越來越少，有時只能召到幾隻禿鷲，不能吃盡整具屍體，人們只好把屍體從天葬臺搬到中游的水葬臺進行處理，所以羊拉的人們把這種水葬叫作天葬。[15]

不難推測，在白教入主滇西北以後，這裏的喪葬格局大體分為兩種：第一種是在高海拔地區形成了以天葬為主的天葬文化區；第二種是在低海拔地區出現了以肢解屍體方式實行的水葬文化區。

（二）東巴教北擴與等級火葬重現

1 納西族屯墾康區

噶舉派傳入滇西北後期，麗江木氏土司也在此地掀起了一場規模龐大的軍事鬥爭。木氏在取得明朝中央政府的支持下於明代萬曆年間兵犯康區，並向這些地方移民屯墾。其統治範圍如清人餘慶遠所說：「自奔子欄以北皆降，於維西及中甸並現隸四川之巴塘理塘，木氏皆

---

15 訪談時間：2011年12月。

有之，收其賦稅。」[16]很顯然，處於川、滇、藏交界區的羊拉就在這個範圍之內，羊拉受納西文化的影響可以從此地廣泛流傳的「木天王圈地」之傳說得到印證：

> 迎藏大臣在護送文成公主進藏的時候與她在羊拉鄉甲功村發生了關係，他們走到羊拉村以後生了一個男孩，由於害怕事情敗露，於是將這名男孩放在木盆裏，順金沙江漂流而下。該男孩到了麗江石鼓地區被一戶人家救起，這個孩子就是後來叱吒風雲的納西族木天王。有一天，天神來到了他的身邊，問他想要什麼。木天王回答只想要一張犛牛皮大的地方。於是，天神就給了他一張犛牛皮。但木天王很聰明，他得到犛牛皮以後就用剪刀將這張犛牛皮一圈圈地剪成像鋼絲那樣細細的犛牛皮絲，用於圈地，結果把西藏的鹽井都圈起來了，所以人們就稱他為「犛牛王」。「犛牛王」長大以後，就去西藏找他的母親。他一邊走，一邊叫人修建城堡，用以傳遞信息。但是當他走到西藏的鹽井以後，天神就對他說，你用犛牛皮圈的地到此為止，前面不屬於你的地盤了，不能再往前走了。「犛牛王」沒有找到自己的母親，於是帶著失望的心情回到了麗江。[17]

結合歷史，我們會發現當年木氏北擴的路線基本沿今日的 214 國道一路向西，羊拉顯然受木天王的統治。事實上，木天王圈地的傳說就是對木氏沿江北擴之歷史的晦澀反映。羊拉鄉目前還有大量據說是磨些人留下的爛房子和廢棄的土樓：通常只有一兩道牆，大多採用稻

---

16 〔清〕餘慶遠：〈維西見聞錄〉，希賢、沙露茵選注《雲南古代遊記選》（昆明市：雲南人民出版社，1988年），頁123。

17 訪談時間：2011年9月（報導人：阿寶，男，52歲；地點：羊拉鄉）。

草、黃泥和碎沙石攪在一起夯實。

　　眾所週知，納西族的祖先是從河湟地區南下的古羌人的一支——摩沙夷。他們與游牧的古羌人一樣，很早就形成了以天神崇拜為中心的原始信仰。元末明初，納西族的原始信仰融入了喇嘛教和道教的文化因素形成東巴教以後，以天神崇拜為中心的信仰則成為東巴教的核心，祭天台則是東巴教的象徵。據民國《中甸縣志稿》記載：「摩些人所在村落，必於附近高阜築一天壇，定於每歲舊曆正月初四、五、九日，集眾醵金延請東跋，殺牲祭天一次。」[18]這些祭天台如今在羊拉仍可發現。位於甲功村西北方向約 20 公里的地方，便有一處坍塌嚴重的祭天台遺址。經筆者的現場觀察，該座祭天台由三層臺階組成，臺階是用黃泥攪拌雜草鋪成的，下層長約 8 公尺、厚大約 0.5 公尺，中層長 6 公尺、厚 0.5 公尺，上層長 3 公尺、厚 0.5 公尺，整個建築坐南朝北。這座殘舊的祭天台目前已經成為活佛講法之地。筆者在羊拉調查期間，恰遇羊拉村阿木年舉行全鄉的佛法宣揚活動，他們就是集合全體來賓到這裏聽喇嘛講法的，而過去坐在祭天塔上的祭師已經由當今的活佛取代。

　　設想，木氏自遭遇和碩特部的打擊兵退麗江以後，大批磨些人跟著他們退出，那麼有幾戶人來不及隨大軍撤離，留守當地是完全有可能的。據民國《中甸縣志》記載：「中甸……在元以前，本為吐蕃游牧之地。惟至明季，確經麗江木氏移民渡江，作大規模之屯殖。今觀磨些族群分佈情形及藏蕃所築之碉堡營壘遺跡，則木氏之實力，實已北通巴塘，西北越阿墩子而達藏邊。足見伏居江曲之建塘地面，曾歸木氏長期管理焉。及至明末清初，藏蕃勢力又膨脹，逐漸南徙，而木氏日漸式微，莫能御之。於是磨些屯兵又漸漸退回江邊；亦有服藏人

---

18 段綬滋纂修：《中甸縣志稿》（稿本），1939年。

之服,語藏人之語,而強化於藏者。」[19]

2 等級火葬的重現

隨著納西族帶來他們自己的宗教信仰,納西族的喪葬文化因素也隨之在羊拉擴散開來。

納西族信仰東巴教。學術界普遍認為,納西族的東巴教與藏族的苯教屬於同源異流的關係。[20]因此,在宇宙觀、死亡觀和靈魂觀方面,兩教有許多相同的地方。「在東巴教的經典中,反映的統一教義就是世界分為天神、人間、鬼世三個世界。天神世界的神是與人為善的,是保護人類的。鬼的世界是專門與人間世界作對,給人類造成災難。而天神世界的神就是為了拯救人類世界的苦難。」[21]這樣,東巴教將死亡的世界描繪成一個幸福的天堂,因而死亡也就成為痛苦的解脫。

有關納西族的喪葬,據《東巴經·尋找父母死後葬法》記載,納西族原來不懂葬禮,他們是在董神和塞神教導下學會了火葬:男死用九筒柴火焚燒,女死用七筒柴火焚燒。[22]事實上,納西族是南下的古羌人的一支,伴隨著逐水草而居的生計模式而產生火葬也是必然的。唐宋以後,遷徙到麗江一帶的納西族已經過上了定居的生活。元末明初,磨些社會的經濟取得了長足的發展,逐漸確立封建農奴政權。在木氏北擴佔領羊拉以後,羊拉鄉的火葬表現了另一種特點:和以前相比,葬禮更加隆重,特別是以木氏為首的奴隸主階級,在火葬儀式中

---

19 段綬滋纂修著,段志誠、和泰華標點校注:《中甸縣志》(《中甸縣志》編纂委員會辦公室,1991年),頁16。

20 參見楊福泉:《納西族與藏族歷史關係研究》(北京市:民族出版社,2005年),頁156。

21 雲南省編輯組:《雲南民族民俗和宗教調查》(昆明市:雲南民族出版社,1985年),頁252。

22 參見和湛:《麗江文化菁萃》(北京市:宗教文化出版社,2000年),頁159。

出現了大量的「動物祭祀」和「木偶陪葬」等現象。關於這方面，羊拉的一些老年人還能夠說出一二。筆者在羊拉鄉調查期間，嚮導阿登金巴多次向筆者表示他們的祖輩是納西族，筆者還特意對他的祖父進行了一次訪談。在喪葬儀式這件事上，他的祖父向筆者表示：

> 我們的祖先年輕時在木老爺的手下帶兵。我小的時候聽祖父說，祖先也是實行火葬的，但是和現在不同，根本不是像現在這樣燒法（指火葬），現在燒了都是把（死者）東西全送給喇嘛或者送到寺院去做布施了。聽說祖上是把家裏值錢的東西一起燒掉，有時還要殺馬取一條腿出來燒就可以了，否則那些馬到了底下（陰間）就不聽他的話，他就回不到祖先那裏。燒的時候，東巴在旁邊做法，使馬的靈魂全部走開，這樣，馬屬於死者了，他在底下（陰間）可以繼續享用他的東西，然後按東巴念的路線回去找祖先。[23]

翻閱史料，筆者發現當時以木氏為首的奴隸主階級的火葬儀式確實不同尋常，其中就出現了大量的「陪葬」現象。例如，乾隆年間編撰的《麗江府志略》記載的：「殺牛羊致祭，親戚男女畢集，以醉為哀。」[24]「動物祭祀」這種現象的出現與吐蕃苯教所主持的喪葬儀式不謀而合。但是，與苯教相比較，東巴教的動物陪葬現象並不像苯教那樣普遍，更沒有出現「人殉」的現象。這也從側面說明，隨著明代社會生產力的發展，人的價值得到了基本的尊重。那麼，東巴教的動物祭祀表達了什麼樣的喪葬觀念呢？《雲南圖經志書》的描述可以提

---

23 感謝阿登金巴的翻譯。

24 〔清‧乾隆〕《麗江府志略》（下卷）〈禮俗略‧風俗〉。

供一些線索。其曰:「其土官死,則置於床,陳衣服玩好鷹犬於前,以死者之馬令奴顏帕馳驟,謂之招魂。當焚骨之際,則以鞍轡玩好付諸火,其馬則以斧擊殺之。」[25]很明顯,動物祭祀與吐蕃苯教所主持的喪葬儀式之功能是等同的,主要是為死者「招魂」、「贖身」,以免死者靈魂受妖魔鬼怪的傷害。

非常明顯,這裏火葬的含義與佛教所宣導的火葬含義是明顯不同的,它與我們在前文論述過的古羌人的火葬也有一定的區別,但是總的來說又是一脈相承。火葬是羌人天神崇拜與游牧經濟結合而生的一種喪葬方式。納西族是古羌人的一支,火葬無疑有天神崇拜的觀念在裏面,但是納西族在明代已經步入了封建等級社會,所以在火葬中出現了諸多陪葬品,它是天神崇拜與社會等級觀念相互結合的一種體現。不僅如此,木氏在統治滇西北期間,為了穩固統治,與噶舉派相互利用,創造了類似於玉樹巴塘鄉那樣的等級制度,將火葬提升到了一個前所未有的高度。有關木氏對藏傳佛教的推崇,我們可以從德欽縣志辦公室主辦的一份志訊上的材料略窺一二:

> 阿墩名義始自唐時。麗江木氏徵蕃,得釋迦佛銅像一尊,其大猶人,涅槃而坐,重不過百餘斤。其奇者,至墩之街旁德欽寺舊基,有土墩臺高數尺,翠竹清泉幽雅成趣。木氏休息其間,至晨欲行,其佛忽重至往日數倍,馬車不能載。木氏於是建寺召僧,彼時之馬鹿銀廠、茂頂金廠均旺,並為川藏必由之路,故而陸續商集成市,即以其臺名……[26]

以上資料是關於阿墩子名字來源的解釋。阿墩子,即今天的昇平

---

25 〔明・景泰〕《雲南圖經志書》卷五〈寶山州〉。

26 《德欽縣志》辦公室:《德欽志訊》1989年第4期,頁9。

鎮，這份材料表現的意義是非常深刻的：遙想當年，木氏的軍事實力是何等強大，政權是何等穩固，但是他們為了一尊佛像不惜花重金雇請人馬千里迢迢搬運，由此可知木氏對藏傳佛教的篤信程度。隨著藏傳佛教成為木氏主要的信仰，火葬無疑成為他們表達自己高貴身份的重要手段。

二　黃白之爭：等級火葬流入平民階層

（一）格魯派入主滇西北

　　格魯派是藏傳佛教後弘期比較晚才產生的一個派別，「格魯」一詞在藏語中的意思是「善規」，指該派宣導僧人應嚴守戒律，因該派僧人戴黃色僧帽，故又稱黃教。格魯派的教理源於噶當派，注重顯宗的修持，故又稱新噶當派。

　　格魯派自 16 世紀由宗喀巴創立以來發展迅速，永樂七年至十二年（1409-1414 年），宣德元年到九年（1426-1434 年），格魯派弟子絳欽卻傑前後兩次到北京朝見明朝皇帝，並得到賞賜。1575 年，青海地區的蒙古族首領俺答汗邀請格魯派三世達賴索南嘉措前往講經，並送給他「聖識一切瓦齊爾達賴喇嘛」的尊稱，格魯派迅速在青海蒙古族地區傳播並取得主導地位。1578 年，木氏土司為鞏固自身在康區的統治，利用格魯派宗教勢力，也邀請索南嘉措開始到滇西北藏族地區傳教，迪慶正式出現格魯派僧人傳教的身影。1580 年，三世達賴再次前往康區的巴塘和理塘傳教，並於當年在木氏的支持下修建了理塘最大的格魯派寺廟──理塘寺。此後，格魯派以此為據點，不斷派遣大量僧人沿金沙江南下中甸傳教，有些格魯派僧侶還潛入中甸一些寺廟修行。例如，當時位於奔子欄鎮的東竹林寺係噶舉派，但《紅坡寺如意

寶瓶底簿》就有「紅坡寺東竹林寺原係噶舉派寺院,當時東竹林寺內有格魯派出家人在彼修行」[27]的記錄。格魯派的這些舉動對噶舉派的統治地位構成了一定的威脅,引起了噶舉派的強烈不滿,兩派因此不斷出現糾紛,雙方關係十分緊張,並爆發了大規模的流血衝突。關於兩派的紛爭,以下史料有較翔實的記載:「仁宗睿皇帝時,署麗江知府張寶和奉檄察堪布(指噶舉派)、黃二教喇嘛情形。嘗於嘉慶十二年奏記大府曰:『承恩寺紅教[28]喇嘛,平日耕地納糧,安分焚修,夷人疾病招往打鼓念經,不與爭較謝資,非若黃教索謝必須牛馬重物,是以夷民敬重紅教。而黃教喇嘛總是非其同類,恃強構釁,不許紅教招徒,屢經開導,堅決不從。』」[29]可見,格魯派來勢洶洶,它傳教的目標絕不是為了與其它教派平分天下,而是要一統天下,清除所謂的「邪教」,以恢復佛學光輝。

然而,由於噶舉派的眾多阻撓,格魯派在滇西北的傳播困難重重。更重要的是,在兩派糾紛的過程中,木氏土司挺身而出,堅決站在了噶舉派這一邊。木氏不但篤信噶舉派,而且還採取一系列武力措施,幫助噶舉派阻撓格魯派在雲南滇西北地方的傳播。例如,木氏在焚燒格魯派的一些寺院後放出「誰敢送子弟(到格魯派寺院)當喇嘛,就砍掉其子弟的頭顱、手足,由父母背走」[30]的話語,格魯派由此在滇西北遭遇滅頂之災。這個時候,格魯派為了生存,只好向篤信

---

27 轉引自迪慶藏族自治州民族宗教事務委員會主編:《迪慶藏族自治州宗教志》(北京市:中國藏學出版社,1994年),頁6。

28 此奏記中所說的「紅教」指的是噶舉派的紅帽係,並非寧瑪派。本節所用之史料言紅教者,皆指噶舉派紅帽係。

29 轉引自王菘著,劉景毛校、李春龍審定:《道光雲南志鈔》(昆明市:雲南社會科學院文獻研究室,1995年),頁287。

30 轉引自阿旺欽饒著,魯絨格丁譯:《木裏政教史》(成都市:四川人民出版社,1993年版),頁5。

自己教派的軍事勢力——青海地區的蒙古和碩特部求援。1640 年，蒙古和碩特部固使汗掛帥親征，一路進軍康區，在巴塘、理塘一帶擊敗了木氏土司的軍事力量[31]，並協助重建格魯派在康區的理塘寺。然而，木氏不甘心失敗，於 1659 年在吳三桂率清軍入雲南後向吳三桂表忠，並糾集滇西北各地的噶舉派的僧侶和自己的殘餘勢力發動反抗格魯派的戰爭。這一戰使和碩特部與五世達賴對噶舉派痛下殺手，他們組成的蒙藏聯軍在平定叛亂以後採取了一系列措施將噶舉派趕出滇西北。蒙藏聯軍沒收德欽三大寺廟的全部寺產，解散噶舉派僧人，強令三所寺院改宗格魯派。[32]自此以後，迪慶地區「黃教止達賴喇嘛一種，皆古宗出家者。阿墩子之壽國寺、楊八景寺，奔子欄之東竹林寺，千餘人皆是也」[33]。而「將紅教喇嘛番僧剿除，並拆毀紅教各寺，以絕根株」[34]，噶舉派幾乎全被消滅。可以說，德欽幾乎所有的格魯派寺院都是在噶舉派的基礎上改宗的。

（二）格魯派統治期間葬式的變化

　　噶舉派成立之初，改變苯教信仰所支持的葬式是非常成功的，又在木氏的支持下統治滇西北地方的喪葬達 400 餘年，因此有著相當深厚的民眾基礎。格魯派將噶舉派寺院強行改宗以後，也要面對如何處理屍體、拯救百姓靈魂的問題。在這方面，格魯派以「佛教正統」的姿態自居，秉持佛教教義中關於「靈肉分離」的思想，試圖在喪葬方面引導人們回歸印度佛教所宣導的三種葬法，即野葬、水葬與火葬。

---

31 參見趙心愚：〈和碩特部南征康區及其對川滇邊藏區的影響〉，《雲南民族學院學報》2002年第3期。

32 參見馮智：〈明至清初雲南藏區的政教關係及其特點〉，《中國藏學》1993年第4期。

33 雲貴總督彰寶：《為審擬具奏事摺》，乾隆三十六年（1771年）八月十二日。

34 雲貴總督彰寶：《為審擬具奏事摺》，乾隆三十六年（1771年）十月二十七日。

這一點在清人餘慶遠的《維西見聞錄》中記載得非常清楚。他說：
「人死不棺，生無服，延喇嘛卜其死之日，或案之喬木食鳥，或投之
水食魚，或焚於火，骨棄不收。」[35]結合當時的社會背景，我們對這
則材料解讀如下：第一，水葬與樹葬採用一種自然的方式毀屍，無論
是把屍體投入水中還是放到樹上，都不實行人工解屍的做法。或許由
於這個原因，至今，羊拉、奔子欄一帶的藏族人還將樹葬稱為天葬。
第二，當時火葬作為三種主要葬式之一在普通民眾中間流行，也說明
了格魯派並不認同噶舉派與木氏將火葬高貴化的做法。

　　在格魯派推行印度三大葬式的同時，羊拉一些埋在文化底層的喪
葬因素重新以新的面貌出現，其中表現了三大傾向：一是天葬和分肢
水葬逐漸衰退，二是樹葬這一源於薩滿信仰的葬式向野葬靠攏，三是
土葬借國家力量實現復興。

1 天葬消失與分肢水葬的銳減

　　據說，羊拉鄉歷史上比較完整的一處天葬臺位于歸吾村。該村海
拔 3,876 公尺，被譽為「雲南省海拔最高的自然村」。在村民的歷史
記憶中，他們的祖輩曾經實行過天葬。

　　該村的天葬臺在村的後背山上，由一塊重幾百斤的圓形大石頭構
成，高為 0.5 公尺，面積約 8 平方公尺，石頭表面布滿了泥土，周圍
也長滿了各種雜草。據村民說那就是從前人們實行天葬的地方，但現
在羊拉已經沒有天葬了。事實上，不僅是羊拉鄉的歸吾村，甚至整個
迪慶州，清代以降都呈現了天葬衰退的跡象。在筆者來，這主要基於
以下三個方面的原因。

---

35 〔清〕餘慶遠：〈維西見聞錄〉，希賢、沙露茵選注《雲南古代遊記選》，（昆明市：
　雲南人民出版社，1988年），頁123。

　　首先，受格魯派與噶舉派軍事衝突的影響。格魯派以武力方式奪得了滇西北的控制權，並視噶舉派等一干教派為「異端」給予清剿，逼迫所有治下的寺院強行改宗，使大批原本在噶舉派寺院出家的天葬師、水葬師還俗，使天葬、分肢水葬缺乏實施肢解屍體的職業人士而呈銳減趨勢。關於這一點，東竹林寺的例子可以給我們一些線索。該寺位於德欽縣奔子欄書松附近，是則母寺的主寺，始建於 1667 年。該寺在歷史上本屬於噶舉派，參與反格魯派的戰爭失敗後，原有的僧人全部被解散遣返回家，與其它幾個教派的小寺院一起被改宗為格魯派。[36]筆者曾經到過奔子欄書松地區東竹林寺採訪，多名藏傳佛教僧人也對筆者表示，東竹林寺後面的山上以前也有天葬臺，但是改宗以後天葬師與原來噶舉派的僧侶被遣返回家，天葬的風俗就時斷時續，後來就沒有了。羊拉鄉政府的鄉長立青農布向筆者提供了一個佐證：他的家鄉位於德欽縣的佛山鄉，那裏平均海拔 3 200 公尺，當地原來也有天葬，但是同樣在清末的時候就消失了。2008 年，他的岳父去世之前就告訴他們，「佛山鄉的藏族祖祖輩輩死後都是天葬，但是後來沒有天葬了，不過我希望去世後恢復藏族的傳統實行天葬」。由於當時整個德欽縣都已經沒有天葬了，他們為了遵從老人的遺願，不遠千里花費鉅資雇車把死者的屍體送到了 500 公里遠的昌都芒康縣的天葬臺去天葬。

　　其次，清代以降代表國家正統思想的儒學向地方的滲透在一定程度上阻擋了這些葬式的推行。清乾隆年間，朝廷對滇西北實行改土歸流政策，排佛尊儒的流官們對那些與儒學思想格格不入的喪葬極為排斥，尤其是對天葬與肢解屍體的水葬更是大加鞭撻，認為這是在砍屍、毀屍。為了達到所謂「淨化風氣」的目的，流官報朝廷批准，制

---

36 參見王恒傑：《迪慶藏族社會史》（北京市：中國藏學出版社，1995年），頁128。

定相關法律阻止這些葬式的實施，規定：「凡父母之死……擇其不受
水沖、不受火燒之地而埋之，乃合大皇上之制度，倘敢不遵示論……
提案治罪，決不寬貸，各宜稟遵！」[37]清廷推行的這些政策在一定程度
上也影響了滇西北地方格魯派對這些葬式的看法。格魯派在清代之所
以得到快速發展，主要靠的就是清廷的支持，而朝廷不支持這些有異
於土葬的葬法，使這一地區的黃教在推動天葬與分肢水葬的態度上消
極了許多。迄今為止，羊拉鄉格魯派寺院裏，一些高僧仍然認為「砍
屍」有點殘忍，是不好的。對於西藏一些地區藏族人流行的關於「人
死以後實行天葬，靈魂可以快速到達極樂世界」的說法，他們也持有
不同的看法。其中，藏傳佛教僧人認為：

> 一個人死後實行什麼樣的葬式主要根據他的生辰八字、死亡時
> 間和原因等來推算，這其中比較複雜，各種葬式沒有高低好壞
> 之分，主要看是否合適。有些人明明死亡時間不好，不能實行
> 天葬，如果硬要實行天葬，也會給家裏人帶來災難和禍害，所
> 以不能說天葬就一定能讓亡靈迅速升入極樂世界。佛教提倡靈
> 魂與肉體越快分離越好，但是天葬不是唯一能夠讓靈肉分離的
> 葬式。佛祖釋迦牟尼圓寂的時候也沒有實行天葬，而是實行火
> 葬，難道我們比佛祖更有智慧嗎？[38]

可見，這名高僧還是將「尊重天葬」與「提倡天葬」進行了明確
劃分，其觀點具有普遍的代表性，它清晰地表明瞭一部分黃教僧人對
屍體處理的一種態度。在這些僧人看來，「靈肉分離」與「砍屍」是

---

37 格桑群覺：〈趙爾豐對川邊的統治及措施〉，《四川省文史資料選輯》（第2輯）（四川
　省志編委會，1979年），頁673。
38 採訪時間：2011年11月。

有嚴格的界線的，這也從側面說明了清廷推行的儒學思想對這一地區的影響比其它地區更深遠。雖然格魯派並不強烈排斥天葬，但是也沒有對天葬進行積極的推動，這是天葬在滇西北銳減的一個原因。

最後，生態環境的惡化也不容忽視。一些學者認為，德欽沒有天葬並不是因為這裏的藏族人不想用這種方式來結束自己的人生，而是德欽的海拔不夠高，召不到禿鷲來食屍。[39]但在筆者看來，這種解釋是有待商榷的。因為禿鷲主要生活在海拔 3 000 公尺以上的地區，而德欽的平均海拔不低於 3 000 公尺。因此，海拔高度並不是導致天葬消失的原因，而近代以來這一地區生態環境的惡化才是問題所在。以羊拉的實際情況而言，由於境內的土壤年齡較短，屬於棕壤，只適合黃林樹、椆鬥及灌木叢生長。而羊拉的泥土為第四紀鬆散堆積物，土質鬆散，出露在江面以上 20 至 100 公尺，不同的基岩平臺上形成河床堆積礫石層及洪積礫砂土層，這些土層礫石大部分是大砂岩、變質砂岩、粉砂岩，呈半膠結泥狀態，在新構造運動、地震等諸多因素作用下岩層節理髮育，造成羊拉鄉納那貢、格亞頂出現地裂、崩塌、滑坡、錯落現象。[40]近代以來，隨著人們生計方式向農業轉變，土地稀缺，大規模開荒導致水土流失、草場退化，很多地方甚至已經成為不毛之地。因此，即使羊拉有足夠適合禿鷲生存的海拔，這種環境也不利於禿鷲生存。歸吾村的許多老年人向筆者表示：

> 我們在很小的時候就看見過禿鷲，但那時候我們村基本上沒有草場了，周圍的山也全是光禿禿的，沒有多少樹木。聽說禿鷲

---

39 參見李志農：〈文化邊緣視野下的雲南藏族喪葬習俗解讀——以德欽縣奔子欄村為例〉，《雲南社會科學》2009年第5期。

40 參見德欽縣志編纂委員會：《德欽縣志》（昆明市：雲南民族出版社，1997年），頁23-25。

是專吃老鼠的，草原退化，老鼠也變少了，所以禿鷲沒有食物吃，它們經常飛到村子西面的那條臭水溝去找食物。我們對禿鷲都很尊敬，為了不讓它們挨餓，在殺牛羊時經常會往那條水溝投放腸肚供它們吃。後來，禿鷲越來越少，現在在歸吾很少看到禿鷲了。[41]

　　歸吾村眾多老年人的說法得到縣環保局一名工作人員的認同。他給筆者提供的一份資料表明，20 世紀德欽發現的禿鷲數量保守估計也有 300 萬隻，但到今天可能只有幾千隻，而且它們僅分佈在德欽的梅裏雪山一帶，其它地方並未發現；而禿鷲銳減的元兇就是生態惡化，高海拔地區的牧場退化，使得許多原本生活在這一帶的土撥鼠向低海拔的地區移居，禿鷲的食物鏈出現斷裂。[42]筆者在迪慶州香格裏拉的調查也為這種說法提供了佐證。迪慶香格裏拉縣城向北 5 公里處有一個寺院，名字叫松贊林寺。它建於康熙十八年（1679 年），屬於藏傳佛教格魯派，是雲南省最大的藏傳佛教寺院，有「小布達拉宮」之稱。據王恒傑的考證，它是在毀掉原來的一個噶舉派紅帽係的小寺的基礎上建立起來的。[43]在寺院正前方約 400 公尺遠的一個小山坡上，與松贊林寺正門隔著一片沼澤地有一個天葬臺，海拔 3,200 公尺，是目前整個雲南藏族地區唯一的一個天葬臺。有天葬的時候，松贊林寺的僧人要划船過去，但是這個天葬臺目前已經處於半休息的狀態，只有在冬天的時候才會偶而舉行天葬。寺院主持天葬的僧人告訴筆者，2011年他們只在天葬臺實行過幾例天葬，禿鷲是從幾百公里的地方飛來的。8 月份的一天，在給一個死者實行天葬時，竟然沒有召到禿鷲，

---

41 採訪時間：2011年10月。

42 電話訪談：訪談對象為拉瑪，訪談時間為2011年12月。

43 參見王恒傑：《迪慶藏族社會史》（北京市：中國藏學出版社，1995年），頁127-130。

最後只能放棄改為水葬了。這件事傳出去以後對香格裏拉的藏族人影響很大，導致大家實行天葬的積極性降低了，因為害怕召不到禿鷲而改變葬式增添麻煩，所以香格裏拉地區的藏族人實行天葬的也越來越少。

一個地區天葬的發展與兩個因素分不開，在客觀上應該有足夠高的海拔，並有利於禿鷲生存的生態環境，在主觀上應該有僧人的推動。很顯然，羊拉在近代以來並不具備這樣的條件。如果說天葬的消失是政治與生態互動的結果，那麼分肢水葬的銳減則完全是政治所造成的，是天葬發生「多諾米骨牌」效應的結果。由於分肢水葬是模仿天葬建立起來的，當天葬的比例不斷下降以致最後徹底消失，這種模仿天葬而建立起來的葬式也就失去了存在的基礎。事實上，黃教與白教在鬥爭過程中，為了爭取民心排斥對方，相互將對方創立的葬式一併排斥是理所當然的，歷史的機緣巧合致使格魯派在滇西北地方不推動天葬，這又恰恰成為他們打擊噶舉派的切入口。

2 野葬從興起到消失

（1）樹葬[44]向野葬靠攏

由於格魯派標榜自身為佛教正統，因此對待屍體處理的態度傾向於印度佛教的三大葬法。在這種教義的指導下，佛教提倡的野葬興起了。許多村民就向筆者表示，羊拉過去有樹葬，起源不甚清楚，也確實流行過一段時期，但是在他們的印象中，樹葬基本屬於佛教提倡的野葬範圍之內。這種情況的出現是因為羊拉許多寺院的高僧不提倡人工分屍的天葬、水葬，而提倡以自然的方式對屍骨進行銷毀。在這個

---

44 此部分關於樹葬的內容筆者已經在期刊發表（參見葉遠飄：〈川滇藏峽地的樹葬比較研究──以奔子欄和三岩為例〉，《中國藏學》2003年第1期）。

意義上，樹葬其實只是天葬的替代品。在羊拉的歸吾村和茂頂村，多位村民向筆者談起了這種葬式。現在筆者綜合他們的說法，還原羊拉消失的樹葬如下：

羊拉過去樹葬針對的對象，既可以是夭折的嬰兒，也可以是成年人。程序大致由殮屍、出殯和安葬三個步驟構成。家裏有人死亡以後需要實行樹葬的，先燒一桶水為死者洗身，將死者的雙手交叉放置於胸前，雙膝靠攏卷成胎兒狀塞進一個長約 2 公尺、寬約 1 公尺的長方形白色編織布袋，布袋無需裝任何隨葬品。屍體裝入布袋以後，用尼龍繩將布袋口打結，然後將布袋放入竹籮筐中等待出殯。隨後，由喇嘛根據亡者的生肖、死亡時間等信息打卦決定出殯時間。茂頂村的樹葬點就位於村落西面 20 公里處的卡令雪山森林。那裏樹木繁多，根深葉茂，陽光不易照射進去；裏面還有眾多小溪，縱橫交錯，顯得陰暗寒冷。走進森林，可看見烏鴉等飛禽在樹杈上活動，同時也可以聽到一些不知名的動物的叫聲。過去人們多採用「坐落式」的方法對屍體進行安置，即將裝有屍體的白色編織袋安置在幾根樹杈的中間。屍體安置以後，把編織袋底部的線抽出來，使編織袋露底。據說這樣做可以方便死者的靈魂出入，否則靈魂出不來，下輩子還憋在編織袋裏。最後，人們用野生藤或尼龍繩的一頭纏繞布袋，另一頭綁住樹杈以固定屍體，遠望就像一個人睡在樹杈上一般。這個時候，裝有屍體的籮筐就不與屍體一起放到樹上了，在葬屍體前即可丟棄，所以這一帶的人們實行樹葬時很少用棺木。

從報導人對樹葬的描述來看，羊拉的樹葬有以下幾個特點：第一

是安置屍體的時候特意撕開白色編織袋的底部。第二是葬具相對簡陋，籮筐一般只用於送屍，不用於葬屍，誇張一點說，他們形同「裸葬」。第三是以銷毀屍體為吉，把屍體放在樹上不是為了保留屍體，而是為了讓飛禽吃掉屍體，這種觀念明顯有悖於「樹葬……是遠古時代的人為了避免森林陸地上猛獸的襲擊，在樹上搭棚居住的一種反映」[45]的解釋。羊拉鄉大多藏傳佛教僧人對筆者表示：

> 在藏族地區，天葬是通過人工的方法使屍體向禿鷲做布施，而樹葬、水葬（不砍屍）是通過自然的方法向大自然的動物做布施。樹葬也是一種純潔的喪葬方式，死者在前往極樂世界之前還把肉體奉獻給飛禽走獸，其實為世間做了最後一件功德的事，他們的靈魂在六道輪迴中就會轉世得非常快。所以，屍體腐爛從樹上跌下來並不是一件好事，這說明屍體不乾淨，不能布施，這才是老百姓擔心的。[46]

這種說法在清末民初一些對金沙江峽谷的文獻記錄中可以得到佐證。例如「死……雇人負之山麓，麓有豎木，係屍頸焉，……時則鵑鳥雲集，攢食屍肉，食盡，僧徒乃散。鳥或不食，食或不盡，則以為不祥，乃誦經，以刀裂肉喂鳥」[47]，非常清晰地指出了樹葬是為了喂鳥，若鳥不吃，才會以人工的方法裂肉。這說明，藏傳佛教傳入峽谷以後，確實已經把「坐落式」的樹葬改造成了天葬的一種形式，因此羊拉人在樹葬的時候僅使用一個白色編織袋而不用木棺，並且對屍體採用「坐落式」的葬法。這是否是因為屍體裝在木棺裏不利於飛禽走

---

45 夏之乾：〈從樹葬看樹居〉，《民族研究》1983年第4期。

46 訪談時間：2011年10月。

47 周希武著，吳均校釋：《玉樹調查記》（西寧市：青海人民出版社，1986年），頁86。

獸食屍而不採用呢？事實上，樹葬後來的發展也證明了筆者的推測——羊拉人後來安置屍體的方法慢慢改變了，他們不再把屍體放在樹上，而是放到了樹下：找到符合條件的大樹以後，在泥土上放幾塊石頭（包含不讓屍體接觸泥土，以免靈魂掉入地獄之意），然後把屍體從籮筐裏搬出來橫放在樹底下，抽掉編織袋底部的線，葬儀便算結束了。對於這種轉變，則母寺的堪布說：

> 羊拉樹葬的內涵與天葬並無太大不同，只是天葬臺遭到廢棄之後人們所採用的一種變通方式：把屍體放在樹上是給飛禽吃，把屍體放在樹下是給走獸吃，這些都是奉獻，都是佛教提倡的捨己救人的方式。

換言之，屍體安置的邏輯在於佛教宣導的「普度眾生」。正如當地老百姓所說，樹葬僅是藏族實行的眾多喪葬方式之一。藏族實行水葬是餵魚，實行樹葬是餵鳥及其它動物，實行火葬發出的氣味也可以餵昆蟲。實行樹葬，無論把屍體放在樹上還是放在樹下都是一種奉獻，本無好壞之別。但是，從實施的過程來看，把屍體放到樹上確實比放到樹下要麻煩一些。另外，屍體放到樹上也不如放到樹下消失得快，因為樹下有猛獸，它們食屍比樹上的飛禽要快。所以，接受了藏傳佛教教義後的老百姓就樂於將屍體安置於樹下而非樹上，這表明起源於原始薩滿信仰的樹葬在羊拉已經完全向野葬過渡，並逐漸表現出野葬色彩。因此，人們對樹葬的解釋充滿了「投胎」、「轉世」等觀念。

（2）野葬的消失

雖然野葬被羊拉藏族人視為一種比較好的葬式，但是野葬的實施必須要有相應的生態環境。根據藏傳佛教的說法，屍體消失得越快越

有利於死者靈魂的轉世，這就決定了安置屍體的地方多是原始森林，因為只有在原始森林才有可能出現虎豹豺狼，比起那些小動物，這些大型的生猛動物更容易銷毀屍體。因此，野葬並非專靠藏傳佛教格魯派就能夠推動，一旦生態環境惡化，野葬也與其它古老的葬式一樣走向消亡。

　　羊拉野葬的消失是最近 100 年的事，而氣候變暖是最重要的原因。筆者在羊拉調查時，晚上睡覺需要掛蚊帳，因為當地有一種藏名為「巴斯」的蚊子咬人很厲害。據鄉防疫站的工作人員說，這種蚊子本來只生活在熱帶地區，過去羊拉沒有，只是最近十幾年才出現的。天氣變暖的另一個證據是葡萄、蘋果、桃子等一些本來在寒冷地區不能種植的經濟作物在數十年前已經成為羊拉的經濟作物，而且這些果實的成熟期通常比 5 年前要提前 1 個月。

　　氣候變暖是不利於森林成長的，尤其是持續乾旱會導致灌木叢變得越來越矮，草木覆蓋率越來越低，森林的界線也不斷往高海拔區域移動，且森林面積越來越小。以羊拉鄉保護區土地面積為例，其總面積為 4,839 公頃，林地面積為 2,393.8 公頃，但非林地面積卻為 2,445.2 公頃。在保護區中的林地面積如此，更何況非保護區的林地面積。對林木的過度砍伐使羊拉地區的森林退化很快，以致引起政府的重視，將此工作納入對地方官員的考評當中。來自羊拉鄉林業站的資料顯示，羊拉的退耕還林總面積為 133.3 公頃（其中 2003 年退耕還林 53.3 公頃，2005 年退耕還林 80 公頃），經濟造林達 246.7 公頃。[48]這固然能說明羊拉的退耕還林工作做得好，但是也從側面表明森林的破壞已經到了非治不可的地步。

　　森林退化的另一個原因與當地人的生產方式息息相關。在羊拉林

---

48 資料來源於羊拉鄉政府提供的資料。

業站工作的農布今年 58 歲，是地地道道的羊拉人。他向筆者歸納了
生計方式對生態環境的破壞：

> 新中國成立前，羊拉許多農民還停留在刀耕火種的生產方式
> 上，農民要開荒種田就必須先砍樹，而羊拉的地質比較脆弱，
> 很多樹砍了以後就無法重新生長了。20 世紀 80 年代以後，藥
> 材值錢了，大家又去採挖，很多人挖藥材的時候不懂得把土填
> 回去，水土流失非常嚴重。近 10 年來，家家戶戶建房子，也
> 要到森林去採伐林木，還有很多人偷偷採伐樹木拉到外面去
> 賣，所以森林退化得比較快。在 60 年代的時候，我們還看見
> 過老虎，曾經闖到羊拉村吃掉了一匹馬，被村民們圍捕。另
> 外，山上的豹子也經常跑到老百姓家吃老百姓養的豬。但現在
> 基本上看不到這些生猛的動物了。以前幹活回家害怕遇到虎
> 豹，現在就算翻山越嶺故意去找它們，也找不到，不但找不到
> 虎豹，就是連兔子、山雞也找不到了。[49]

森林的退化、大型生猛動物的消失對羊拉人的野葬產生了影響。
住在茂頂村 79 歲的老人紮巴向筆者回憶他 40 年前老伴去世實行野葬
時的情形：

> 老伴去世的時候就是實行樹葬的。她死亡以後請了喇嘛來念了
> 3 天的經，然後把她的屍體抬到森林裏，連同籮筐一起放到了
> 樹底下。人剛死的時候，靈魂會停在屍體裏面不肯走，如果久
> 了它還會藏到骨頭裏面，就要盡快銷毀屍骨，這樣她的靈魂才

---

49 採訪時間：2011年10月。

能快一點轉世。但是，那時候森林裏已經沒有什麼吃人的動物了，在「一七」的時候，我的兒子到安置屍體的那個地方發現屍體還是完整的，兒子回來說了這個事以後大家都很慌，於是趕緊請喇嘛來念重經，最後不得已對屍體實行了火葬，大約從那個時候開始村裏人就不怎麼實行樹葬了。[50]

其實，紮巴所說的樹葬就是格魯派推行的野葬。這表明羊拉喪葬格局的變動並非是格魯派單方面能主導的，即使它在信仰方面占統治地位，它也必須顧及其它方面的因素。與野葬消失相伴的是國家權力大規模滲透與外來文化的不斷輸入，羊拉的各種葬式再一次發生了深刻的變化。這期間最突出的是土葬的復興。

三　黃「含括」儒：土火二次葬興起

在噶舉派統治滇西北期間，土葬就已經被人們視為一種下等的喪葬方式。以「佛家正統」地位自居的格魯派在取代噶舉派的統治地位以後，對土葬的打擊更為徹底，從清代餘慶遠在《維西見聞錄》中的記載來看，土葬已經基本被消滅乾淨。然而，土葬畢竟在當地藏族人的心裏有相當的基礎，一旦在恰當的時機受外來文化因素的刺激，土葬也會死灰復燃，這一事件的導火線是清雍正四年（1726 年）迪慶地區發生的改土歸流。

1726 年，雲貴總督鄂爾泰上書建議取消西南地區少數民族土司的世襲制度，委任流官管理，以加強中央對地方的管轄權，奏摺獲得雍正帝的批准以後，迪慶隨即捲入了清廷的改土歸流事件當中。至雍正

---

50 採訪時間：2011年10月。

九年（1731 年），迪慶地區的改土歸流基本結束，步入了流官統治的時代。流官們在取代土官實行管轄以後，對藏族人的天葬、火葬和水葬風俗極為藐視。他們認為這些砍屍、焚屍、淹屍的做法慘無人道，有悖倫理，因此下令藏族人移風易俗。乾隆五十八年（1793 年），清朝政府制定了嚴禁天葬、水葬的政令，命令喪家有莊田的在本莊田內擇地安葬，無莊田的貧民可在新設的義冢公地掩埋，如仍有天葬、水葬，將死者子孫淩遲處死。普通藏族人遇有人死，或用棺木裝殮，或用衣、席卷裹，一概報關埋葬。政府還將此作為永久規定刻石立碑。[51] 可見，清政府對藏族喪葬的改革力度之大。為使這一項改革能夠持續，流官們軟硬兼施，不遺餘力地編寫各種順口溜，對除了土葬以外的一切喪葬形式給予鞭撻。例如，咸豐十二年（注：歷史上無咸豐十二年，引文如此）九月十一日貼出一張告示：

> 麗江軍民府正堂兼中甸撫彝府 辛
> 雲南維西協右營分駐中甸副將 馬示
> 恨爾天葬，屍飽豺狼，
> 恨爾水葬，屍浸汪洋，
> 恨爾火葬，屍盡飛揚，
> 更有甚者，解屍棄荒。
> 父母生前，敬愛徘徊，
> 父母死後，殘毀捐場，
> 斬決梟示，爾罪相當。
> 今與爾約，土葬最強，
> 壽棺八尺，趁軀短長，

---

51 參見楊福泉：《納西族文化史論》（昆明市：雲南大學出版社，2006年），頁366。

生土歸土，滋潤汪洋，

既得地氣，子孫繁昌，

功名富貴，永遠無疆。

告爾耆民，各勸村鄉，

人生轉瞬，早謀遑遑，

各改土葬，以禮居喪，

免得身死，自受害戕。

更有一術，釋爾惑狂，

五生生剋，只取相仿，

乾坤離卦，牌掛棺傍，

準天水大，最為吉祥。

爾地樹多，木價非昂，

再用小棺，惠及天殤，

設有鄉愚，禍福鼓簧，

逞其新說，欲變新章，

一訪訪拿，立斃公堂，

此示之後，勉保天民。

右仰通知。

咸豐十二年（注：引文如此）九月十一日　告示。[52]

　　排斥天葬、強推土葬的做法從乾隆年間開始一直持續到清末。然而，1911 年辛亥革命爆發，清朝政府垮臺，這些措施也最終沉於歷史之底。即使如此，以流官為代表的國家權力對土葬的大力推行卻在某

52　轉引自王恒傑：《迪慶藏族社會史》（北京市：中國藏學出版社，1995年），頁252-253。

種程度上喚醒了藏在人們內心深處的土葬風俗。不過，這時候的土葬
與之前苯教的土葬含義已經完全不同。清政府所謂的土葬是從儒家思
想的視角出發，將土葬視為孝敬父母的一種手段。儒家思想不承認靈
魂的存在，也就無所謂神鬼之言了。孔子說「未知生，焉知死？」便
是最好的證明。可以說，土葬的改革顯示了以流官為代表的清政府排
佛尊儒從而達到「以夏變夷」的目的，正所謂「使非教以禮儀，導其
知識，將何以格碻礁之氓，而啟文明之化」[53]。很顯然，這項改革在
迪慶取得了一定的成果，能夠證明這一點的就是這個時期官府接到了
大量藏族群眾聯名一起控告喇嘛的訴狀，甚至出現 300 個藏族群眾聯
名控訴歸化寺的官司。[54]由此可見，改土歸流後，隨著儒學思想的傳
入，藏傳佛教在迪慶藏族群眾心中的地位一度出現動搖，但是土葬在
羊拉的推行遠未結束。民國年間，各地軍閥混戰不已，全國的局勢動
盪不安，羊拉也數度劃歸西藏、四川、雲南等不同的省（自治區）管
轄，但再也沒有發生大規模的軍事衝突，也沒有發生大規模的移民。

雖然民國政府將南起迪慶、北至玉樹的廣大康區劃為西康省，但
也無心管轄。至西藏獲得和平解放以後，康區人民才過上了安居樂業
的日子。

人們不再把土葬視為下等的葬式，但藏傳佛教信仰本身又排斥土
葬，兩種觀念衝突、整合，使羊拉地區先土葬再火葬的二次葬流行開
來。至此，羊拉鄉的喪葬文化模式基本定格。

---

53 四川省民族研究所《清末川滇邊務檔案史料》編輯組：《清末川滇邊務檔案史料・
  紮打箭爐廳飭明正土司等設夷民學堂》（北京市：中華書局，1989年），頁247。
54 參見王恒傑：《迪慶藏族社會史》（北京市：中國藏學出版社，1995年），頁194-195。

第三節　死亡人群、原因與葬式分類

　　目前，羊拉僅存在三種喪葬類型，分別是土葬、火葬與水葬。水葬有兩種，一種是整具屍體投入河中，另一種是肢解屍體後投入河中。一般來說，死者實行哪種葬法由喇嘛結合死者的死因和家庭成員的屬相等因素打卦決定。因此，老百姓對葬式的選擇靈活度很高，但也並非沒有規律可循。來自田野調查的資料表明，在羊拉人的「地方性知識」裏面，他們選擇的葬式往往體現了儒家思想，但是經過藏文化改裝的儒家思想與漢族的儒家思想又有所區別。

　　儒家思想對待生與死的觀念可以總結為一個字，那就是「孝」。主要強調人口的繁衍，特別是男丁的繁衍，所謂「不孝有三，無後為大」就是這個道理。在這個意義上，儒學向漢人指出了人生的意義。關於死亡，儒家否認靈魂，所謂「未能事人，焉能事鬼」指的就是這個道理。可知，儒家強調的是現實的關懷，而否認來世的存在。對於屍體處理，儒家推行土葬，反對除土葬以外的一切毀屍的喪葬類型。在這點上孔子也有清晰的表達。他說：「身體髮膚，受之父母，不敢毀傷，孝之始也。立身行道，揚名於後世，以顯父母，孝之終也。」儒學思想融入藏傳佛教的教義以後，在羊拉的表現就是藏族群眾表達了對繁衍生產力的渴望以及對銷毀屍體的猶豫態度。

　　由於羊拉是一個農業區，土地貧瘠，耕作農具仍然簡單，人們增加生產的辦法就是不斷拓荒，這就要求數量龐大的勞動力，人們也因此把勞動力看得特別重；而勞動力從根本上依賴的是女性的生育能力，所以羊拉女性的地位並不像其它藏族地區那麼低。筆者在羊拉進行田野調查期間收集到一則非常有趣的傳說，版本如下：

　　　　羊拉鄉政府所在地位於海拔 3,165 公尺的甲功村。根據當地藏

語的發音,「甲」是「睡覺」的意思,「功」指的是女子的「子宮」。「甲功」一詞結合起來讀就是姑娘懷孕的地方。在當地人的觀念中,這個名稱的由來與文成公主有密切關係。據說文成公主入藏的時候經過羊拉的甲功村,與護送她的一個藏族大臣產生感情,當天夜裏兩人就有了實質性的男女關係,所以這個地方就叫「甲功」。第二天他們繼續往西走,這名大臣以各種藉口帶文成公主繞道,所以他們進藏比實際預定時間晚了一年。他們到了羊拉村以後生下了一個女兒,但是很不幸,這名嬰兒出了羊拉以後,在西藏芒康縣的徐中鄉死掉。「徐中」的藏語發音即為「死亡」之意。據說,文成公主為了紀念這名嬰兒,在徐中鄉建立了一座轉經塔,取名「木馬確頂」,藏語系「永生」的意思。現在,羊拉鄉一些沒有生育能力的百姓還會到芒康縣徐中鄉的「木馬確頂」去轉塔求女。聽說如果連續轉3年,就會有奇跡發生。[55]

　　為什麼文成公主與這位大臣生下來的是女孩,而不是男孩呢?當地老百姓向筆者表示,到「木馬確頂」去轉塔就是為了生女孩。此裏永追大姐是筆者在羊拉認識的一個報導人。她早年喪子,後來與丈夫離異,如今又與另一藏族人成家,目前已經結婚兩年了,還沒有孩子。她向筆者表示,如果明年還不懷孕,她也會到「木馬確頂」轉塔。在此裏永追看來,到「木馬確頂」轉塔是為了生女孩。她說:「只要第一胎生了女孩,以後生男孩也就是自然的了。」可見,生育對於羊拉人口發展之重要。筆者從羊拉鄉政府拿到的一份人口統計資料表明,羊拉鄉男女人口的比例為 6.5:3.5,這說明羊拉鄉的男女人口

---

55 訪談時間:2011年9月（報導人:格容,男,41歲）。

比例失調。不過，這種失調通過一妻多夫的婚姻制度給予消化了。

在儒家思想滲透與勞動力缺乏的雙重作用下，人們會自覺地將有後續生產力的人群與沒有後續生產力的人群區分開來，並對這些區分賦予宗教意義的解釋，使它成為老百姓選擇各類葬式的依據。

在羊拉的「地方性知識」體系中，所謂有後續生產力的人群有三層含義：第一層意思是指一對夫婦有了孩子並且其中至少一個孩子已經成了家；第二層意思指的是一對夫婦育有數個孩子，即使孩子們都沒有成家，但是在生產方面已經能獨當一面；第三層意思指的是即使一個人沒有結婚成家，但他有私生子（女），而且這個私生子（女）已經長大成人，在生產勞動方面能獨當一面並且樂於認他（她）為私生父（母）。正因為這個原因，當地的私生子女是不受社會歧視的。羊拉人將以上三種情況稱為有子嗣的人群。

在羊拉的「地方性知識」體系中，有子嗣的人死亡在喪葬類型方面可以選擇土葬、水葬與火葬。然而，有子嗣的人死亡又分為正常死亡與意外死亡兩種。一般情況下，正常死亡的人可以選擇先土葬再火葬或者直接水葬的喪葬方式，而意外死亡的人一般實行火葬。（見表5-2）

表 5-2　羊拉鄉藏族群眾對死亡與葬式的分類

死亡類型	有子嗣人群	無子嗣人群
正常死亡	土火二次葬、分肢水葬	水葬
意外死亡	火葬	水葬

一 有子嗣人群死亡的葬式

（一）正常死亡的葬式

1 正常死亡的範圍

什麼是正常死亡？報導人給出的答案不盡相同。譬如，村民格容認為，正常死亡指的是一種自然的死亡，即老百姓常說的老死；另一報導人旺堆卻說，所謂老死的人也是因為身體有病，如果一個人身體健康，就不會死亡，所以病死應該算是一種正常死亡，除了那些患重大傳染病而導致的死亡以外；還有報導人認為 60 歲以上的人死亡就是正常死亡，而低於 60 歲以下的人死亡則是意外死亡。

筆者綜合以上幾種說法，大致可以歸納羊拉人對正常死亡的判斷，即人們可預見的死亡就是正常死亡。這些可預見的死亡在田野調查中可以根據當地人的一項行動加以判斷。例如，子女或親屬會提前 12 年為這類人買好壽衣或定制棺木。正常死亡的喪葬類型主要有兩種：第一種是先土葬後火葬，第二種是水葬。在實際操作過程中，那些有子嗣的多採取第一種喪葬方式，這也是羊拉最流行的一種喪葬方式；第二種喪葬方式多數情況下只是一種補充。

2 最流行的葬式：土火二次葬

（1）土火二次葬的程序

羊拉的老百姓流行先土葬後火葬的二次葬。土葬的程序大致由入殮、出殯以及下葬組成。

①入殮。家裏有人去世，首先要報喪。家屬在自家門口用石灰畫兩條與門口等寬的白線，這是向鄉鄰報喪的一種方式，也是引導亡靈

告別今生、走向來生的表達。在入殮之前，家屬先燒一桶水，並往水裏加入香柏葉為死者洗屍。按照當地老百姓的說法，這是洗去死者在塵世間的一切罪惡，讓他乾乾淨淨地上路。此外，家屬還要為死者穿一件白色的壽衣，這件壽衣是子女們早在一兩年前就準備好的，壽衣沒有任何扣子和鐵器，但有一根腰帶起著扣衣服的功能。家屬為死者穿上壽衣後再將屍體的雙膝併攏、額頭向前突出與腿部接觸，以胎兒狀的姿勢裝入高 90 公分、寬 45 公分的正方體藏式棺材中。停屍期間，家屬接受鄉民和親戚朋友的弔唁。②出殯。具體的出殯日期由喇嘛打卦決定。日期定下以後，出殯的時間多定在早晨。出殯那一天很多細節都要講究，如棺材由誰抬出家門、必須在多少步之內走出家門等都由活佛打卦推算後交代家裏人嚴格執行。專人將棺材抬到家門口的時候要放下停一會，由家屬上前磕頭，與死者道別，然後喇嘛往棺材蓋再點 3 次聖水才起抬。抬棺的人由 4 人一組輪流執行，這些人的生肖屬相不能與死者相剋，喇嘛在事先都會一一交代。③下葬。墓穴在出殯的前一天晚上就已經挖好，下葬的時候由和尚帶領送葬隊伍念「六字真言」、燒香以及擺放貢品。下葬以後填土，再用潮濕的泥土堆起一個小包，四周抹以泥巴，然後在旁邊插上經幡即可。

　　羊拉人雖然實行土葬，但是不過清明節。在土葬後一年裏，家屬可以在任何時間到墳前祭拜，特別是在正月初一，一家人通常會到墳前祭祀死者。祭祀的時候只需要拿些水果、點心做貢品，偶而也會燒香，但是不放鞭炮。很明顯，土葬能夠暫時地安撫家屬們思念親人的情緒，但是也反映羊拉人對土葬顯示出擔心的一面。所以，一個人如果要實行土葬，就必須進行第二次葬。或許是因為這個原因，羊拉土葬的選址不太講究，當地沒有專門的墳場。土葬的時候家屬可以任意找一個地方做墓穴之用，只要不影響別人的生產即可。因此，羊拉人多將土葬選在某個小山坡上，有些也會選擇在自己家背後的土地裏，

或者在自己家的農田裏。

羊拉第二次葬的時間通常是在土葬一年之後。第二次葬比第一次葬要隆重一些。先請和尚[56]到家裏念 3 天經，第四天早晨由喇嘛帶領，家屬到墓前將屍骨挖出洗淨，然後架在早已經準備好的松樹枝上焚燒。燒畢以一塊黑布將骨灰覆蓋。隔天一大早，死者的長子（女）要趁大家沒有起床再次來到火葬點揭開黑布觀察骨灰上有沒有動物或者人的腳印。按照當地老百姓的說法，如果有動物的腳印就表明死者轉世成了動物，如果有人的腳印就表明轉世成了人。如果骨灰上沒有任何足跡遺留的話，人們還要去找活佛算一算死者的轉世情況，要再念經、布施，直到發現足跡為止。

第二次葬以後，人們對骨灰的處理也很有講究，有些人將骨灰掃進一個罐子，再把這個罐子帶到拉薩一帶拋撒在有名的大山或者大河當中。但是，也有個別人將骨灰收齊裝入罐子，在原來的墳墓附近挖一個小坑進行埋葬。有條件的人還會用水泥在此地築一個圓形的小包，前面建成花壇，在花壇裏種花。

（2）對土火二次葬的解釋

事實上，二次葬的程序是非常複雜的。筆者在田野調查時不斷思考的一個問題是，為什麼羊拉人要進行如此繁瑣的喪葬程序？首先，從目的上看，土火二次葬與直接火葬無非是殊途同歸，兩者最終都符合藏傳佛教關於毀滅屍身的要求。其次，從經濟花費上看，土火二次葬很明顯要比直接火葬花費多。因為二次葬是為一個死者辦兩次喪事，念兩次經，而且第二次的規模比第一次的還大，在經濟上明顯是划不來的。筆者在田野調查中收集到三種說法。

---

56 和尚，即藏傳佛教普通僧人。在德欽奔子欄、羊拉一帶，老百姓把這些僧人稱為和尚，把活佛稱為喇嘛；但是，在金沙江的三岩和玉樹巴塘鄉，沒有和尚這個稱呼。

第一種說法認為，土火二次葬是一種最高的施捨方式，有助於說明死者的靈魂轉世。40 歲的澤裏頓珠大姐認為：

> 人死後先土葬可以把自己的血肉奉獻給土地下的蟲子。但是，一年以後必須要挖起來，如果不挖起來會生蛆，這樣就會有殺孽。挖起來以後用火燒，燒的時候發出一種氣味又可以喂空中的蟲子。二次葬有這個好處，以死者有限的肉身盡可能挽救大自然的各種動物，使靈魂能夠進入極樂世界。[57]

無疑，這種說法受藏傳佛教影響比較深。

第二種說法認為，土火二次葬可以加強兄弟姐妹的團結。32 歲的巴納桑這樣向筆者闡述道：

> 長輩突然過世，作為子女的在情感上有點適應不過來，實行土葬是因為有一個地方可以供我們兄弟姐妹聚在一起想念他，和你們漢族過清明的情況差不多，只不過我們不一定要清明才去上墳，平常任何時間都可以去。但最終我們還是要火葬的，因為我們藏族不像你們漢族那樣家裏立有祖先的牌，我們也沒有族譜，時間久了就沒有人照顧這些墳墓了，屍體埋在那裏挺可憐的。[58]

第三種說法認為，土火二次葬是一種無奈之舉。41 歲的婦女依追說：

---

57 採訪時間：2011年11月。
58 採訪時間：2011年11月。

我們藏族信仰藏傳佛教，人死以後肯定不能留下屍骨，因為那
樣靈魂留在骨頭裏面會阻礙轉世。土火二次葬與直接火葬雖然
都能達到轉世的目的，但是我們不能直接火葬，因為直接火葬
的人一般都是那些不好的死亡、意外的死亡。[59]

從客觀的條件來分析，筆者認為羊拉藏族人實行土火二次葬的原
因主要有以下三點：第一，羊拉藏族人表現的是農業為主的生計模
式，古語云「活人吃土歡喜樂，死人吃土苦連天」一語道出了其中的
玄機，那就是農業民族對土地形成的眷戀情結。羊拉大多數土壤屬於
棕壤，又處於地質的大斷裂帶，土地非常貧瘠。來自羊拉鄉政府的一
份統計資料表明，羊拉全鄉可耕地面積為 591 公頃畝，但是旱地占
226 公頃畝，占的比例高達 38%。這些旱地土質不好，糧食大多三年
兩熟，其它好一些的水澆地農作物兩年三熟，產量並不樂觀。走進羊
拉，隨處可見人們在河谷周圍的山坡上開荒，以求增加耕地的面積。
可以說，羊拉人對土葬形成的依賴情結與土地的貧瘠這一矛盾決定了
土葬只能作為一種過渡性葬式。第二，以儒家為代表的思想體系對藏
族舊有土葬觀念形成衝擊。清朝以降，格魯派的發展得益於中央王朝
的支持。因此，格魯派勢力所到之處無不體現了清王朝權力的滲透。
清末改土歸流，流官在羊拉強行推行土葬，直到 1959 年相關部門在
羊拉鄉建立革命烈士公墓，將土葬抬至榮譽的層面，都在一定程度上
衝擊了羊拉藏族人視土葬為下等葬式的舊有觀念。第三，格魯派所宣
揚的佛家正統喪葬方式是羊拉藏族人最終以火葬形式銷毀屍骨的根本
原因。格魯派將火葬視為佛教正統且有意識地在羊拉地區推行，但是
直接火葬被羊拉人認為是不對的，兩種觀念相衝突。因此，只能選擇

---

59 採訪時間：2011年11月。

焚燒屍骨的方式使靈魂能夠輪迴轉世，畢竟相對於燒一具屍體而言，燒屍骨所耗費的木柴要少。

正如筆者在導論中引用法國人類學家杜蒙的「階序」概念一般，這些思想都為佛教教義所「含括」。在青海的玉樹地區，老百姓普遍認為，葬式與靈魂的轉世有密切的關係。他們不願意土葬，一是擔心土葬使自己的身體生蛆，隨著屍體腐爛，這些蛆也終將死掉，造成更大的殺孽；二是害怕土葬會使自己的靈魂掉入十八層地獄，永世不得超生；三是噶舉派大力推行天葬，他們認為只要天葬，靈魂就可以迅速登入極樂世界。這些原因造成天葬的風行與土葬的式微。但在羊拉，格魯派主張靈魂是否下地獄不取決於喪葬方式，而是取決於人生前的所作所為。所以，老百姓實行土葬可以暫時寄託對親人的思念，但最終靈魂要輪迴轉世。藏族沒有立牌，過了 3 代就忘了祖先，所以這也是當地老百姓在短時間內實行土葬的原因。

3 分肢水葬

（1）分肢水葬的程序

目前，分肢水葬不是羊拉人流行的葬式，在多數情況下只是土火二次葬的一種補充。一般來說，只要是有子嗣且正常死亡的，人們多優先考慮土火二次葬。但是，正如上文所指出的，土火二次葬偶而會受到季節的限制。譬如，一些發生在夏季的死亡，人們不會輕易實行土火二次葬，因為夏季屍體容易發臭、腐爛而長蛆，土葬將會造成殺生，不符合藏傳佛教從善的教義。更重要的是，發生在夏季的死亡實行土葬以後一年也無法實行火葬，因為羊拉人認為夏季火葬會燒死空氣中的許多昆蟲，招致天怒。因此，即使在夏季為正常死亡，羊拉人也只能對屍體實行分肢水葬。

　　人死以後，由喇嘛打卦需要進行水葬的，首先用鹽水加上乳白色的牛奶為死者洗屍，然後將屍體捆成胎兒狀，用一張長寬約 3 公尺的白布裹屍，再將屍體裝入棺材出殯，前往水葬點進行水葬。羊拉的分肢水葬多在金沙江支流中游河舉行，那裏離茂頂村有 10 公里，是羊拉鄉傳統的分肢水葬點。水葬點水深約 0.5 公尺，河水流速不大，若不肢解，水流是無法沖走屍體的。水葬點豎有白色、藍色和黃色三種經幡，是那些葬了死者的家屬豎起來的，在河水旁邊有一塊麵積約 6 平方公尺的白色巨石，為肢解臺。

　　屍體抬到肢解臺後便開始肢解。

　　整個分肢水葬過程不允許婦女和小孩參與。當地人認為，婦女和小孩都比較脆弱，他們不適宜出現在那種場合。

（2）水葬點的選址

　　就水葬實施的必要條件來看，水葬首先要有水。在這方面，金沙江貫穿羊拉全鄉，流域長達 80 公里。大小支流有 8 條，均由西向東流入金沙江。這些支流比較大的有中游河、當達河、阿東河以及珠巴魯河等。長期流水的小溪有 20 余條，水資源比較豐富。因此，全鄉大多數地方都有實行水葬的便利條件。但是，這並不等於任何一條河或者任何有水的地方都能水葬。羊拉村的格容老人告訴筆者，水葬在羊拉是非常普遍的喪葬方式，但是水的下面住著許多水鬼，因此人們對水葬點的要求非常嚴格，稍微出錯，就會禍及全家甚至整個鄉村。羊拉的水葬點都是法力高深的喇嘛定下來的。喇嘛在確定水葬點的時候要進行打卦；法力極高的喇嘛則只需要側臥在河流岸邊，用左邊的耳朵貼著泥土就可以聽到水底的世界，也就能夠確定這個地方能不能水葬了。則母寺的堪布對筆者說：

中游河那裏的水葬點主要通過河流的水面高度和沙灘下的石頭
來確定的。它們位於中游河河水流量最大的地方，對岸有高大
的山峰，海拔比中游河水面的平均海拔要高，當早上太陽躍出
對岸山峰的一剎那，第一縷金色的陽光就照到了那裏。岸邊的
沙灘 0.8 公尺以下的石頭，其光澤和色度都非常好。水葬臺是
兩條小溪的交匯處，像活佛一雙有力的臂膀一般將死者環抱。
在這裏埋葬亡者可以使其靈魂順利轉世，沒有阻礙。[60]

目前，整個羊拉鄉比較大的水葬點有 10 個，其中有 6 個位於中
游河不同的地段，這些水葬點是老百姓公認的水葬點。但在實際操作
過程中，也有的家庭徵得喇嘛的許可尋找新的水葬點。茂頂村的經師
拉曲告訴筆者，水葬點的水要清澈透底，像金沙江那樣渾濁的水是不
能水葬的，因為有一種「晦氣」在裏面。羊拉鄉的水葬點是活佛根據
風水選定的，但是風水輪流轉，一個水葬點的風水通常在 60 年之後就
完全變化，那時候就不能再用來水葬了。還有一種情況是，一個水葬
點如果葬了超過 99 個死者，也不適合再用來葬後來的死者。因此，當
地人時常會積極地尋找新的水葬點。

筆者通過對羊拉鄉多個水葬點的考察發現，這些水葬點都存在著
幾個共同的特徵：第一，遠離居民的飲用水源。例如，羊拉村有一個
叫「則布」的水葬點就建在羊拉河支流的下游，而這條河的上游就是
羊拉村的居民用水之源。其它水葬點無一例外都遵循這條規律，它們
都不在居民生活用水的範圍內，甚至不在老百姓生活村莊的視野範圍
內。第二，大多數水葬點都設在河流水速最湍急的地方，這些地方都
在兩河交匯之處或者水深拐彎的地方，其象徵意義正如報導人所敘。

---

60 採訪時間：2011年10月。

事實上，在羊拉，金沙江支流皆由西北向東南急沖而下，在地勢稍微高的地方就會受岩石阻攔，然後拐彎。因此，這個拐彎的地方同時受到來自不同方向的幾股水流衝擊，水流頗大，很容易將物體沖走。以羊拉村的「則布」水葬點為例，筆者親自測出這裏的水流速度是 0.4 公尺／秒，這相當於一個游泳高手在水中前進的速度，因此，就算一個活生生的人在河裏也很難逆流而上，更何況是一具屍體。第三，這些水葬點的魚類比較多。筆者在一些水葬點現場就見到長約 0.5 公尺的大魚在河裏遊動，這可能是佛教出於布施的考慮進行的方便魚類等吞食屍體的舉措，以免污染下游。

（3）水葬的限制條件

水葬在羊拉鄉的大範圍流行與羊拉豐富的水資源有密切關係。但是，田野調查發現，水葬在實際操作過程中也會受到一系列因素的影響，這些因素主要來自季節性的環境變化與人們深層次的意識形態。

一方面，羊拉境內的大多數河流的水源來自海拔幾千公尺的高山融化的冰雪。每年春夏之交，陽光普照，冰雪融化，大量的融水從高山流入境內的河流與小溪，這時候眾多河流水量大增、流速加大、衝擊力強，能夠在瞬間將屍體吞沒。由於峽谷內的藏族人普遍遵循一條鐵的規律：萬物生長到秋季落葉期間不能實行火葬。因此，水葬在這個季節無疑成為羊拉老百姓處理屍體的首選。一旦炎熱的夏季過去，高山上的冰雪就會相對減少，這也導致境內各河道的水量縮減，流速變小，一些河流甚至會斷流。2011 年 10 月，羊拉鄉歸吾村的一條河就幾乎出現斷流的現象，嚴重影響了這個村莊的老百姓實施水葬。在嚴寒的冬季，海拔相對高的河流水面會結冰，這也成為老百姓實行水葬的阻礙。當地的老百姓告訴筆者，羊拉每年的氣候變化很大，據說二三十年以前，河水結冰的情況很鮮見，但是近年這種現象多了起來。

例如，2011年的冰期就來得很早，12月18日那天，茂頂村一名叫阿金的年輕人因病去世，按羊拉的老規矩應實行水葬，而且家裏人請來了喇嘛為其打卦，卦象也顯示水葬較好。但是，當人們把屍體抬往茂頂村一個叫「裏卡」的水葬點進行水葬時，卻發現這裏已經結冰了。不過羊拉人信佛，只要是喇嘛說過的話他們都會儘量想辦法履行，於是家屬又雇車把屍體拉到了甲功村中游河的水葬點勉強把死者水葬了。事後，死者的兄弟與父母都覺得很悲傷，他們認為這是死者的前世作孽過多，導致今世死的時候差點找不到葬身之處，於是積極地前往寺院布施，為死者彌補前世的罪過。一些老百姓告訴筆者，就算羊拉境內河流全部結冰，他們也可以雇車把屍體運往金沙江對岸——四川巴塘縣地巫鄉的郎格龍村、熱思普村與四川得榮縣貢波鄉的布則村和汝得共村的水葬點進行水葬，因為那裏的海拔比羊拉低一些。

因此，羊拉的老百姓認為，沒有子嗣人群的死亡也是分好的死亡與差的死亡的。總的來說，春季與夏季死亡的比較好，而秋季和冬季死亡的都屬於比較差的。但是，事情也有例外，夏季也有無法水葬的時候，像泥石流大面積滑坡阻斷河水就是一個例子。如果某人死亡要實行水葬的時候遇到這種情況，老百姓大多歸咎於死者前世所造的孽，這時候死者的親屬一般都會積極布施以贖死者生前的罪惡。

另一方面，水葬主要來自老百姓的意識形態。在羊拉，老百姓信佛，但是在他們的信仰深處，多少還保留一些苯教的東西。例如，個別家庭認為凶死的人不能進行水葬，理由在於凶死的人身體裏面附有厲鬼，而水下面住有害人的水鬼，尤其是河水渾濁的時候更不能行水葬。在苯教教義的影響下，水多與凶神發生聯繫，藏族人對水本來就懷有畏懼的心理，遇到河水渾濁更說明水葬點是不可接觸、不可冒犯之地，因此不敢輕易將屍體碰水。許多人認為，當將一具凶死者的屍體投入凶神惡鬼所在的地方會危及整個鄉村。

（二）有子嗣人群意外死亡的葬式

1 意外死亡的範圍

羊拉人認為，意外死亡是一種非正常的死亡。它的範圍大致包括以下三種：絕大多數人認為被槍殺、刀殺而死的就是一種意外死亡；但也有人認為突然患了重大傳染病導致的死亡才算意外死亡；還有個別人認為出門撞車、摔下山崖等意外所導致的死亡是意外死亡。在羊拉的地方性觀念中，他們將這類死亡稱為「凶死」。事實上，在任何一個民族的文化觀念中，意外死亡都被視為一種「凶死」，因為它是一種極其罕見的死亡，而常見的死亡一般不會被定義為「凶死」。

「凶死」概念的存在是人類社會企圖運用文化手段對死亡進行規避的反映。例如，把槍殺列為「凶死」在某種程度上是羊拉良好治安的反映。從羊拉鄉派出所 2009 年至 2011 年的報案記錄來看，3 年裏僅發生過一件刑事案，被槍殺或者被刀殺導致死亡的人數僅有兩人，每年的比例不到萬分之二，應該說是非常低的。[61]把患傳染病而導致的死亡列為「凶死」也可以和羊拉鄉衛生院的疾病控製成果相互印證。據衛生防疫站站長的說法，羊拉鄉在 20 世紀 50 年代前曾局部流行麻風病，但是現在這種病已經有了疫苗，這些年也沒有再發生過能夠致人死亡的傳染病。筆者在調查中瞭解到，羊拉鄉的衛生防疫範圍近年來一直維持在 95%左右，每個村都有 1 個村醫診療室，接受鄉防疫站的指導，遇到拿不准的病會及時上報上一級，村民看病的積極性也比較高。如果說以上兩種死亡是罕見的死亡，那麼第三種死亡，即出門發生各種意外所導致的死亡目前仍不少見。金沙江所處的地理位置決定了境內道路交通的複雜性：兩岸皆為高山峻嶺，坡度一般在

---

61 資料來源於對羊拉鄉派出所教導員周偉明的訪談（訪談時間：2011年12月）。

35 度以上，有的甚至達到 80 度，山的海拔高度至少在 4,000 公尺以上，連一些飛鳥都難以逾越，極其陡峭。而羊拉通往外界的每條道路就是從山底蜿蜒而上，雨後泥石流、滑坡等現象很容易發生，所以交通事故頻繁。再加上年輕人好喝酒，酒後駕駛的現象突出，當地人戲稱陸地交通事故為「空難」就是最好的明證。

2 意外死亡的葬式：火葬

（1）火葬的程序

在田野調查中筆者瞭解到，過去羊拉藏族群眾處理那些「凶死」的屍體也有實行土葬的，不過方式非常奇特。村民旺堆說：

> 人死以後把屍體捆綁起來塞進一個麻袋裏面，然後撒滿鹽、灶灰和麥秸。不等喇嘛打卦便立刻出殯，一般用牛馱到人跡罕至的地方埋葬。埋葬時先挖一個大坑，在坑底鋪上一層厚厚的荊棘，將死者頭朝下腳朝上放進坑裏，然後鋪上黃連刺，再掩土。我們聽說，「凶死」的人不是人，其實是惡鬼，因此要想盡一切辦法防止惡鬼再次投胎。至於馱屍體的那只牛是不能再跟人們回家了，只好讓其自生自滅。[62]

近幾年，用火葬對付「凶死」開始流行起來，這與僧人的推動不無關係。2011 年 11 月，甲功村 61 歲的此里仁佈在出門幹活的時候不小心摔下山崖死亡。消息瞬間傳遍整個鄉村，他們陸陸續續從家裏帶些玉米、青稞、白酒等到死者家慰問。由於意外死亡的情況比較特殊，家屬對待此事也很重視。此里仁布的兒子當天就請來了布頂寺的

活佛為死者超度並打卦。活佛打卦以後認為應在第三天的上午 10 點實行火葬為佳，於是一家人就開始忙碌起來。

火葬首先要選址。羊拉境內沒有專門的火葬場，通常情況下，火葬的地點由家人決定。但是，鄉民普遍遵循的規矩是，火葬點不能靠近別人的家，也不能影響村民的生產（如靠近別人生產的農田是絕對不行的）。死者此里仁布的大兒子認為應選在自己家後面的小山坡上，而二兒子認為應選在死者出事附近的山坡上。由於大家意見不統一，沒有辦法定下來，於是徵求活佛的意見。活佛認為大兒子的意見比較可取，於是大家就將火葬的地點確定下來。接著要購買各種用品，請和尚來念經，在老人死後的第三天，就實行了火葬。死者的二兒子向筆者描述了當時的情形：

> 火葬不需要棺材，人死以後為死者擦身，然後捆成胎兒狀放入籮筐內。火葬那天，前往送葬的親戚朋友每個人都會象徵性地抱一捆柴和一瓶油到現場交給家屬。把籮筐抬到火葬點以後，先清理出一塊地方，在南面、西面與北面各放一塊石頭做支架，架上木柴，呈「井」字形，架起來的木柴有一公尺多高。柴火架上去以後再把屍體從籮筐抱出來，解開繩子，使屍體橫臥在木柴上方，然後再添些柴蓋在屍體上方。活佛會拿一些藥水灑在死者身上，這種藥在遇到火的時候可以發出一種清香，掩蓋屍體燒焦的味道。點火的人主要由喇嘛打卦來定，男女不限，最好是男的，女的也可以，但是那些結婚後還沒有孩子的就不行，而且點火的這個人的生肖和五行都不能和死者相剋。點火的時候，和尚與經師圍著屍體坐下念經，為死者超度。在火葬過程中，還要一邊添柴火，一邊灑油。我父親的火葬持續了 3 小時，從上午 10 點開始，到下午 1 點才結束。火葬結束後

的第二天必須到火葬點砍松樹枝，即把附近那些帶尖形狀的樹枝砍掉。[63]

（2）火葬的意義：驅除邪惡

在羊拉，火葬是專門針對意外死亡而實行的一種葬式，因此當地人對火葬的評價並不好。許多人認為，人之所以「凶死」要麼是上輩子的「孽」緣造成的，要麼是今生念的經不夠或者積的德不夠。然而，死者家屬的內心是極其複雜的，縱然他們內心深處希望死去的家人能獲得一個好的轉世，但是他們不會像對待正常死亡的死者一樣定期到活佛那裏打卦詢問死者的轉世情況。對這類家屬來說，唯一能做的就是不斷請僧人到家裏念經，而且必須是念重經，以消滅死者上輩子的「罪孽」。顯然，死者家屬不願意面對他們的轉世情況，因為他們清楚，這類人的靈魂最可能進入三惡趣中。誠然，在羊拉人看來，只要是凶死，其靈魂是無法立即進入三善趣的，無論是實行什麼樣的葬式或者做多少布施也無法改變其靈魂的轉世，這就要求一個人在世時必須多念經、多行善、多做好事。或許是因為這個原因，羊拉藏族人在性格方面沒有三岩藏族人的那種剽悍；相反，他們更多的時候給人一種溫順的感覺。然而，我們會立即發現這樣一個矛盾：既然家屬無論做多少布施都無法使死者的靈魂立即進入三善趣，那麼他們為什麼還要做大量的布施呢？一方面，從活人的角度考慮，親屬認為布施是一種行善，這樣能夠使自己的今生不會出現「凶死」的情況，當自己死亡時，自己的靈魂也會進入三善趣；另一方面，從死者的角度考慮，親屬所做的布施行為還能夠為死者贖罪，以使他的轉世在下一次死亡以後靈魂能夠重返三善趣。

---

63 採訪時間：2011年11月。

至於對意外而死之人行使火葬的原因，有報導人告訴筆者，佛教發明火葬可以鎮鬼驅邪。也有老百姓以布施對此進行解釋。他們認為，如果一個人行善不夠，在死亡後應該更積極地奉獻自己的肉身去挽救那些幼小的動物；而火葬恰恰可以滿足這一點，因為火葬發出的氣體可以喂昆蟲，自然界中有很多昆蟲就是通過聞火葬發出的氣味來生活的。顯然，與水葬相比，其功德要大得多。因為水葬只能向河裏的魚布施，但是向魚布施顯然比不上向昆蟲布施所積的功德大。那是因為比起魚，大自然中那些幼小的昆蟲更需要挽救，一具有限的肉體只能夠救活幾百條魚，但是可以救活千千萬萬隻昆蟲。則母寺的堪布對筆者說，火葬有助於更快實現靈肉分離，它是佛教的傳統葬式。意外死亡的人是因為前世積福不夠，他們死後實行火葬是理所當然的，可以將火葬視為追隨佛祖的決心；他們前世作孽太多，但佛家並沒有拋棄他們，實行火葬代表遵循佛教正統，下輩子轉世時就能夠盡快跳出輪迴之苦。

（3）火葬的條件限制

在羊拉，火葬是意外死亡的首選葬式，但在實際操作過程中也會受到各種條件的限制。據筆者的調查，這種限制主要來源於以下兩個方面：第一是受死亡時間的限制，第二是受經濟條件的限制。

關於第一點，羊拉的老百姓普遍遵循一條鐵的定律，即夏季到秋收這段時間不能行火葬。報導人告訴筆者，這是因為在乾燥的天氣實行火葬會得罪老天爺，使原本乾燥的天氣更加乾燥，影響農作物的生產，導致鄉民們顆粒無收。如果把人們觀念中那層薄薄的窗紗掀開，從客觀角度分析，我們很容易得出一個結論，即在這個季節實行火葬極易發生火災。筆者在田野調查期間發現，家家戶戶的門上都掛著德欽縣消防局印製的關於嚴防火災的布告，這也從側面表明峽谷內歷史

上發生火災的幾率比較大，才導致有關部門將防火作為頭等大事來抓。特別是峽谷內低海拔的村落尤其容易發生火災，這與金沙江河谷的自然條件有密切的關係。由於金沙江兩岸處於乾熱河谷地帶，屬亞熱帶季風氣候，夏秋季乾熱現象突出。「當這些地區的水汽凝結時，引起熱量釋放和水汽濕度降低，並使空氣溫度增加。在地形封閉的局部河谷地段，水分受乾熱影響而過度損耗，這裏的森林植被難以恢復，缺水使大面積的土地荒蕪，河谷坡面的表土大面積喪失，露出大片裸土和裸岩地。」[64]與這種氣候相生相伴的是氣象學意義上的「焚風」[65]現象。如果程度較輕，能增加當地熱量，縮短水稻和果樹的成熟期；但如果程度重，則會發生火災。筆者在田野調查期間曾經歷過一次「焚風」。那是 2011 年 9 月 3 日的下午，筆者與嚮導阿金登巴在戶外聊天，突然感覺全身血液流動加速，胸悶氣短，繼而感覺異常乾燥，全身冒汗，不由自主脫去外套。我們看到幾個村民突然往莊稼地裏跑，阿金登巴對我說，可能莊稼地著火了。1 分鐘以後，村民三多路過，向我們證實了這個消息。

關於第二點，就目前羊拉老百姓所實行的所有葬式來說，火葬的開銷是最大的。在當地的老百姓看來，由於這種喪葬開銷太大，而且非常麻煩，如果不是意外死亡迫不得已，沒有人願意選擇這種葬式。例如，前面提到的死者此里仁布的二兒子就給筆者算了他父親火葬的開銷：

---

64 〈深度揭秘：雲南遭遇百年一遇乾旱的幕後「元兇」〉，《生活新報》2010年3月22日第8版。

65 「焚風」這個名稱來自拉丁語中的favonius（溫暖的西風），在德語中演變為foehn，最早主要用來指越過阿爾卑斯山後在德國、奧地利谷地變得乾熱的氣流。氣象專家認為，「焚風」是山區特有的天氣現象。它是由於氣流越過高山後下沉造成的。當一團空氣從高空下沉到地面時，每下降1,000米，溫度平均升高6.5℃。這就是說，當空氣從海拔4,000至5,000米的高山下降至地面時，溫度會升高20℃以上，使涼爽的氣流頓時熱起來，這就是「焚風」產生的原因。

在入殮階段就開始請和尚來念經了，姑且不論提供的各種好的飯菜，那時候光是點長明燈就需要 1,000 盞，花費大概 400 元。火葬時家裏燒掉了 1,000 斤左右的柴火，這些木柴都是松樹木，比較耐燒。幸好這些木柴都是平時自家人上山砍回來備用的，所以這一項不花錢。但是砍柴也是花費力氣的，一個人就算把一天的時間全花在砍柴上，不做別的事情，最多也只能砍 30 斤左右。如果中間不休息，連續砍一個月才能砍 900 斤柴火。而火葬就燒掉了近 1,000 斤。另外，整個火葬的過程中還用了近 40 斤清油和 50 斤酥油。清油每斤 15 元，共 600 元；酥油我們自家有，所以不用花錢，如果折成人民幣，也要好幾百元。整個儀式請了 5 個和尚和 1 個經師來念了 3 天經，這項花費近 1,000 元。我們還請了 1 個活佛，雖然付給活佛的報酬沒有講究，但是我們還是盡力表達了我們對活佛的心意。[66]

由此看出，如果不把木柴、酥油與給活佛的報酬算在內，這場火葬的花銷就已經達到 2,000 元。而一份來自羊拉鄉政府的經濟資料表明，羊拉鄉人均年收入僅 1,871 元，由此可見火葬開銷之大。

鑒於以上兩個因素的限制，火葬只能說是意外死亡首選的葬式，但不是唯一的葬式。例如，一個人在夏季發生意外死亡，本該進行火葬的，但是這個季節不能火葬，而這個季節正是羊拉境內眾多河流水量最大的時候，所以人們只有為這些意外死亡者選擇水葬，把屍體拋入金沙江。可見，各種葬式所對應的死亡類型不是固定不變的，人們在運用這些葬式方面顯得非常靈活。

---

66 採訪時間：2011年11月。

二　無子嗣人群死亡的葬式

（一）無子嗣人群的範圍

　　無子嗣的人群指的就是沒有後續勞動力的人群。這類人又可以分為三種：第一種指的是出家的和尚。由於和尚不能近女色，也不能還俗、不能結婚，所以沒有後代是理所當然的。不過，由於羊拉人信仰藏傳佛教的緣故，人們對這個階層的人群沒有表現出明顯的歧視。如果一個家庭有兩個或以上的男孩，甚至只有一男一女，老百姓都樂意送一個男孩到寺廟出家。第二種是指那些沒有結婚沒有生育的人，包括未成年人與成年人。由於這類人還沒有成家，所以沒有子女，在人們看來也是正常的。第三種指的是那些已經結婚多年而沒有生育的人群。這類人死亡以後，他們的後事一般由親屬操辦，葬式比較簡單。

　　相對於前兩種人群，第三種人群很明顯受社會的歧視。雖然羊拉普遍不存在男尊女卑的觀念，但是不等於說社會對所有的女性一視同仁。在當地的老百姓看來，一個女性是否能獲得社會的認可並不取決於她的物質生產能力，而首先取決於她的人口生產能力。在人們的觀念中，如果一個婦女還沒有生育孩子，那麼她就不能算是「成年婦女」。或許是因為這種觀念的存在，人們對「私生子女」並不歧視，也不歧視那些未婚懷孕的女子。相反，如果一個婦女結婚多年沒有生育，那麼各種謠言就會慢慢侵蝕她及其家庭生活。筆者在田野調查中瞭解到，羊拉鄉存在結婚好幾年都不能生育的家庭，其中羊拉村就有 5 個這樣的家庭，不過這類家庭並沒有獲得社會的同情。老百姓普遍認為，這些家庭不能生育是因為夫婦雙方前世作孽過多，現在得到了報應，兩個前世作孽過多的人今生才可能碰到一起組建一個不健康的家庭。

在羊拉人的眼中，那些結婚多年沒有孩子的夫婦可能是惡鬼的化身，只不過平常人看不出來，但是大喇嘛可以看出。出於宗教觀念的恐懼，老百姓在心裏總是不太願意與這些家庭打交道。儘管平常有什麼事情，人們也願意幫助他們，但是老百姓絕不在這些家庭吃飯，也不和這些人一起玩，甚至在路上遇到還會遠遠地躲避。據說，如果和這些家庭的成員親近，或者到這些家庭去吃飯、喝水，就會使厄運轉移到自己家庭成員的身上，從而導致自己家庭的孩子死亡，成為沒有子嗣的家庭。因此，沒有子嗣的人群受社會歧視頗深。

（二）無子嗣人群的葬式：整屍水葬

無子嗣人群的死亡，其後事由近親操辦。這類人無論是正常死亡還是意外死亡，都不選擇土葬，只能選擇水葬，而且不會分肢。

1 整屍水葬的程序

死者去世以後，親屬會用一張白色的裹屍布將屍體裹起來，然後把裝有屍體的白色布袋裝入一個竹籮筐或者木籮筐裏面，用一根直徑約 3 公分、長約 15 公尺的粗麻繩反覆穿過籮筐兩端的端耳，向上拉緊打結，等待出殯。出殯的時間由喇嘛打卦決定，但是這類葬儀通常在天沒有亮之前就舉行，據說太陽出來以後有許多神靈要到河邊喝水，那時候出殯會冒犯神靈。出殯時由幾個年輕人組成抬屍隊伍，兩個人一組一前一後抬籮筐前往中游河水葬點進行水葬。到了水葬點以後，觀察水的流速，找一個比較容易將屍體被沖走的地方。

當位置確定下來以後，先在河邊淺水處清理出一塊地方供僧人念經對死者進行超度。念經結束以後，將裝有屍體的籮筐放在淺水處開始處理屍體。首先是把白色的裹屍布除掉，然後將穿在籮筐耳端的繩子解下，在繩子的一端綁一塊重十幾斤的石頭，將這塊石頭放進籮筐

底部讓屍體壓住，再用繩子將屍體的頭部或者頸部纏繞幾圈，目的是讓屍體在水葬時不至於浮起。纏繞屍體的繩子還多出十幾公尺長，在它的另一端也綁上一塊石頭。這時，送葬者還撿一些乾淨的大小不一的石塊往籠筐裏填充，壘砌屍體。壘砌好屍體之後，由一名僧人和死者親屬中的一位老者領路，十幾個年輕人跟在後面拉起繩子的另一端，緩緩地逆流而上，屍體也跟著逐漸進入水中；拉繩的人不斷往上游走，繩子也逐漸被水淹沒，一直到這根 12 公尺長的繩子完全被淹沒在水中，人們即棄繩上岸。

上岸以後，送葬者還會在水葬點的地方豎兩根木杆，一根木杆用來掛經幡，將一根長十幾公尺的細小的反搓而成的白羊毛繩纏繞在另一根木杆上以紀念死者。這時候，整個水葬程序基本結束，送葬隊伍可以離開水葬點返回家裏。田野調查中還發現，在送葬隊伍離開以後，一些老婦人就會走到水葬點的淺水處，左手不斷搖「嘛呢」經輪，口裏不斷念誦超度經文，默默為死者祈禱，久久都不離去。

2 整屍水葬：不「孝」的表達

在當地老百姓看來，無子嗣的人群死亡之所以選擇水葬而不選擇土葬，這並非是因為水葬在等級方面低於土葬，而是因為人們考慮到沒有後代長時間料理他們的墳墓。至於為何不給死者分肢水葬，這是因為在當地人看來，為死者肢解屍體應是兒女對父母盡「孝」的一種表達。報導人阿金登巴告訴筆者：

> 肢解屍體是一種讓靈肉快速分離的葬式，但是這種喪葬花費太大，需要付很多錢給水葬師，如果付錢太少，就有可能出現屍骨處理不乾淨的情況。除此之外，分肢水葬還需要找功力高深的大喇嘛，要給大喇嘛許多上供。所以，死者如果沒有兒女，

一般無人願意幫助他肢解屍體，只能整屍投入金沙江。[67]

很顯然，分肢水葬與整屍水葬已經以「孝」作為區分標準。這種觀念的產生與儒學思想在羊拉的傳播緊密相關。在羊拉，那些生前得不到兒女善待的老年人很擅長使用這些文化符號──他們在去世前要求自己的子女給自己實行整屍水葬而不是分肢水葬，試圖通過這樣的喪葬方式來表明孩子的不孝。以下便是這樣一個個案：

> 仁桌此姆，女，78 歲，2012 年 1 月 16 日病逝。在臨死之前，她把所有的親戚朋友召來，強烈要求水葬。仁桌此姆死亡的時間是冬天，其實那個時候河流的水位都在下降，一些支流甚至開始結冰了，是不太適合水葬的。按照羊拉的風俗，這個時間應該實行土火二次葬。然而，仁桌此姆做出了與眾不同的選擇，這是為什麼呢？報導人向我道出了其中的秘密。
> 據調查，仁桌此姆有 2 個女兒、1 個兒子。但兒子在年輕的時候入贅，後來因病早逝。2 個女兒對自己一點也不好。小女兒在外面打工，一年到頭連個人影也見不到，從來不和家裏人聯繫，誰也不知道她在哪裏。現在大女兒當家做主，養育有 1 個兒子，今年 30 歲了，這對母子把仁桌此姆當作免費的勞動力使用。在羊拉鄉，很多家庭的父母到了 60 歲以後就不用幹農活了，至少不用幹重活；但是仁桌此姆到了 75 歲還要每天早出晚歸，到農田幹活，回到家裏還要挑水做飯。不僅如此，她在農田幹活的時候如果動作稍慢就會被大女兒罵，甚至被打。孫子喜歡喝酒，發起酒瘋的時候就會打她。母子倆一直把她當

---

67 採訪時間：2011年10月。

成出氣筒，有好吃的也從來不給她吃。平時殺一隻雞，最多是
給她喝一碗湯，最好吃的雞肉全都由這對母子吃了。

所以，仁桌此姆死前要求水葬實際上就是向鄉親們傳遞女兒不
孝的信息，她所表達的意思是自己有兒女，但是卻與那些沒有
兒女的人一樣，甚至過得比那些沒有兒女的老人還差。

　　仁桌此姆最後被水葬了，這也算是一種解脫。但是故事遠沒有結
束，鄉里的人知道這件事後，都為她感到不平。一些人私下對筆者
說，她的大女兒是因為魔鬼上身了，才會這樣對待自己的母親，要是
早些時候請大喇嘛來打鬼，仁桌此姆就不會有這樣的遭遇了。

　　在這個故事中，我們看到水葬被扣上了「孝」的字眼，當這種
「孝」脫離軌道的時候，人們就把它視為苯教的魔鬼在作祟，而寄希
望於藏傳佛教，它鮮明體現了藏傳佛教格魯派在壓制苯教與整合儒學
思想方面的奇特之處。與這種水葬文化相關聯的是，人們在實踐中積
纍了豐富的關於水的知識。譬如，利用溫泉來治療不孕不育症就是一
個鮮明的例子。羊拉境內許多說不上名字的湖泊錯綜分佈，還有大小
不一的溫泉。據說位於羊拉銅礦的一個叫「格龍」的溫泉能有效接
骨，每年都吸引無數骨折的藏族群眾前來嘗試。此外，筆者的報導人
還告訴我，在羊拉村還有一個叫「散美」的溫泉能治不孕不育症，許
多藏族群眾在前往徐中鄉轉經路過時都會洗一洗。

三　好死與差死：「地方性知識」對死亡的評價[68]

　　在羊拉，人們對死亡的評價大體分為兩種，即好的死亡與差的死

68　此部分內容筆者已經在期刊發表（參見葉遠飄：〈經濟文化類型下的藏區土葬習俗
　　解讀——以雲南省德欽縣羊拉鄉的土葬為例〉，《雲南社會科學》2003年第1期）。

亡。無論是有後續勞動力人群的死亡還是無後續勞動力人群的死亡皆
可劃歸這兩種類型。田野調查發現，其劃分的類型往往又暗含著羊拉
人對生產生活周期性的表達。換句話說，羊拉人對好的死亡與差的死
亡基本上是以季節來判斷的。

好的死亡指的是發生在秋收過後或冬季的死亡。羊拉人普遍認為
秋天和冬天有很多神靈出現，是人神同歡的季節，一些神甚至願意接
走死者的靈魂。筆者認為，這種觀念的產生可能與農業社會的生產勞
動安排密切相關。一個農業社會的老百姓對季節是非常敏感的，經過
長期與自然交換能量，他們將死亡與季節聯繫起來，並賦予死亡好壞
之分。

如果瞭解羊拉人對農業生產的安排，就不難理解這一點。在羊
拉，春種到秋收期間是人們最忙的時候，人們不僅要管理農田，部分
人還要到山上採集，這是一年中生產的重要時刻。如果這個時候有人
死亡，人們就必須騰出時間來辦喪事，死人與活人無疑在搶時間，這
對一家人的經濟收入造成重大的影響；如果死在夏收時節則是最差的
死亡了。2011 年 10 月 2 日，筆者在羊拉調查期間就遇到阿三的父親死
亡，那時候他全家人都忙著收玉米與撿核桃。當我到他家的時候，還
看見那些剛從田地裏收回來的沒有剝皮的玉米堆滿了屋子，甚至連客
廳都沒有位置坐。後來，全村人都趕到他家，主動幫他家剝玉米皮。
因此，阿三總感覺是他的前世沒有好好念經，今日才拖累了全村人，
他對此過意不去。

相反，羊拉人比較青睞秋冬季節的死亡，這主要有兩個原因。首
先，秋冬季節正是一年中相對閒的時光，他們不需要進行繁重的農業
生產，可以用更多的時間來辦理死者的後事，把喪葬辦得隆重一些，
也使自己家庭臉上有光。其次，羊拉流行先土葬後火葬的二次葬。屍
體在低溫環境中不容易腐爛和長蛆，這時候實行土葬就不會造成殺

生，信仰藏傳佛教的老百姓可以安心土葬，而土葬一年以後又可以實行二次葬。以一年的時間來算，這時候燒骨頭也恰好是在秋冬，避開了夏天不能火葬的禁忌。正因為如此，有後續勞動力的人群如果在夏天死亡，他們不願意實行土葬，因為夏天屍體容易腐爛，會造成殺生，那時候許多老百姓改用水葬，將屍體施捨給河裏的魚。但對於沒有後續勞動力的人群來說，人們的看法恰恰相反，他們傾向認為死在夏天比死在秋冬好，因為這部分人實行水葬，而夏天恰恰是河水最大、最有利於實行水葬的時候。

第四節　從死到生：在孝道中實現轉世

一　黃教主導下的複合信仰

以上我們描述的是羊拉在歷史過程中喪葬類型的變化，我們絕不是為了描述而描述，而是意在挖掘這些積纍在文化層下面的喪葬文化因素。鑒於文化傳統的慣性，這些被覆蓋的喪葬文化因素並不會永久地消失，它們只是暫時為表層的喪葬文化所覆蓋。隨著政治的變動、社會的變遷與自然地理的變化，在適當的時機，這些被疊壓的文化因素將會重新呈現出來。所以，歷史雖已是過去，但會影響未來。

下面，我們將看到羊拉今天的喪葬文化正是這些層層疊加的喪葬文化因素不斷衝破彼此之間的文化層異構而來的。但是，異構並不是隨意的，異構也要在一定的信仰範圍內進行，這裏的信仰就是指藏傳佛教格魯派信仰。

（一）複合信仰中的黃教信仰

從今天調查的情況來看，目前羊拉共有 7 座藏傳佛教寺院，是雲

南藏族聚居區藏傳佛教寺院最多的鄉，這些寺院全屬藏傳佛教格魯派。其中：

> 則母寺，位於羊拉鄉歸吾村，海拔 3,876 公尺，有大殿 1 座，僧舍 4 所，僧侶 29 人。
>
> 布頂寺，位於羊拉鄉甲功村，海拔 3,200 公尺，有大殿 1 座，僧舍 15 座，僧侶 15 人。
>
> 覺頂寺，位於羊拉鄉尼米村西南的山坡上，海拔 3,300 公尺，有大殿 1 座，僧舍 9 所，僧侶 23 人。
>
> 絮依寺，位於羊拉鄉的西山坡上，海拔 3,100 公尺，有大殿 1 座，僧舍 8 所，僧侶 21 人。
>
> 絮加寺，位於羊拉鄉南埂行政村，海拔 2,882 公尺，有大殿 1 座，僧舍 8 所，僧侶 20 人。
>
> 絮史取林寺，位於羊拉鄉南埂行政村，海拔 2,987 公尺，有大殿 1 座，僧舍 3 所，僧侶 6 人。
>
> 茂頂寺，羊拉鄉茂頂村西北山腰，海拔 2,988 公尺，有經堂大殿 1 座，僧舍 26 所，僧侶 32 人。

以上 7 所寺院中，前 5 所屬於奔子欄東竹林寺的子寺；絮史取林寺的僧侶主要來自於雲南地區與西藏芒康，是涉及兩個省（自治區）的寺院。

羊拉的各個寺院大殿的正中都掛有標準的六道輪迴循環圖表。圖畫的主體是一個內外四層的圓圈。從裏向外，第一層圓圈中繪有鴿、蛇、豬三種動物，代表貪、嗔、癡。第二層圓圈則陰陽對半，陰面象徵著惡趣，陽面則象徵著善趣。第三層圓圈由上下六段構成，就是所謂的六道了。其中，上面的三段象徵三善趣，它們分別是天界、阿修

羅界和人間；下面的三段象徵三惡趣，它們是畜生道、餓鬼道和地獄道。六道輪迴圖栩栩如生地向世人展示了善惡兩趣在六道中的情形。事實上，羊拉人對此也有非常清晰的認識。他們認為，除了喇嘛以外，每個人死後其靈魂不可能脫離六道。

　　與藏族聚居區的其它地方一樣，羊拉人也產生了深厚的「活佛崇拜」情結。當地老百姓告訴筆者，茂頂寺的前任活佛功力很深，他只要對著病人吹一口氣就可以治好病；不僅如此，他還能分辨哪一個是活鬼，只要活鬼在路上被他碰見，他立刻能把活鬼打成原形。槳加寺的活佛來自中甸，據說他出生的時候家裏有異象——屋里正中的那根圓木發出亮光，照亮了整個房屋。他 3 歲的時候，有一天他的母親要去農田幹活，對他說：「你要看好鍋裏的水，不要讓水溢出來。」結果，他的母親幹完農活回到家裏，卻怎麼也掀不開鍋，原來是他的兒子用「神力」將鍋蓋與鐵鍋「焊」了起來。後來槳加寺選中了他當活佛。他不僅在羊拉有名氣，周邊地區如中甸、巴塘、芒康很多地方的老百姓做法事也會到羊拉鄉來找他。鑒於活佛所特有的靈力，一旦他們圓寂，即會被認為真身返迴天上，靈魂永留人間，寺院會為他們實行塔葬[69]。

1 一天的宗教活動

　　（1）祭佛。羊拉全民信佛，無論男女老幼每天都把祭佛作為頭等大事。因此，大多數家庭的客廳其實也是經堂。報導人告訴筆者，羊拉人的客廳可以沒有凳子，也可以沒有電器，但是不能沒有神龕。神龕或者擺在客廳正面的小桌上，或者擺在火塘的前面。有錢的人家

---

69 關於塔葬的程序可參見本書第三章第三節，整條金沙江峽谷的寺院對活佛都實行塔葬，文化內涵及程序並無任何不同。

還專門在三樓修建一個經堂,專供念經用。佛龕上擺有香爐和 7 個淨水碗,燈、碗數個,整齊排列。所以,客廳既是招待客人的世俗之地,也是供家人和僧侶念經的神聖之地。有條件的個別家庭會專門在二樓騰出一個乾淨明亮的小房間設經堂,掛上繪有佛像的唐卡,唐卡的畫像主要是釋迦牟尼、觀世音或者宗喀巴的。也有的家庭把康區一些有影響力的活佛的相片用邊框裝飾起來,以示他們對佛的尊敬。每天早上 5 點起床,藏族群眾所做的第一件事就是到佛龕前點燈祭佛。羊拉人告訴筆者,祭佛的法燈是不能滅的,必須要長明,這樣才會得到佛祖的庇護。所以,一旦燈快要滅的時候要趕緊添加酥油,這已經成為羊拉人每天都會自覺重複的動作。

(2)燒香。在羊拉,每個家庭的成員不管是誰,做早飯或者做晚飯的時候都要在火爐裏燒香。藏傳佛教的燒香方式與漢地不同,漢地一般用的是香炷製成品的「插香」式,而藏族群眾一般採用的是「燃燒」式,所以平時做飯的火爐也充當香爐使用。這時,往火爐裏添柴是非常有講究的。一般來說,一根粗細不一的木柴,要先燒細的,後燒粗的。換句話說,應把細的一端先放進火爐裏面,他們在點燃木柴以後便往裏加柏樹枝葉或者松樹枝葉,有時還特意添加一些特製的香料。這時候人們一邊往裏添柴,一邊念「六字真言」,在燒香的過程中也把早餐或晚餐準備好了,可謂一舉兩得。

(3)念經。羊拉人對念經的熱情是非常高的,因為念經是一項積功德的大事。在羊拉,無論男女老少,每個人只要口閒下來的時候就會念經。但是,他們並不是對著經文念,而是口裏不斷地重複著「六字真言」。雖然羊拉人不明白「六字真言」的真正意思,但是他們相信,只要多念「六字真言」,對自己和家庭一定有好處。筆者的報導人說,這些好處有很多,其中最重要的一條就是能夠積陰德,以便自己死後靈魂能夠再次投胎做人,免受輪迴之苦。筆者在田野調查

中還發現，羊拉人不僅經常為自己念經，也經常幫助蟲子等動物念經。在羊拉人的觀念裏面，幫助蟲子等動物念經其實就等於幫助它們向善，如果念了 3 億遍，這只動物死後就有可能投胎做人了。念經是很有講究的，念經的時候必須口和手相互協調，左手應該握住佛珠先按順時針方向一個一個地撥，然後再按逆時針方向一個一個地撥，如此反覆迴圈。關於念經，筆者在田野調查中還鬧過一次笑話。有一次，筆者右手拿著佛珠跟著自己的朋友念經，立即被他們制止了。隨後，一個朋友私下告訴筆者，右手是絕對不能拿佛珠的，因為人主要是用右手來打架和殺生的，右手沾滿了血腥，如果用右手拿佛珠，是對佛祖大大的不敬。

（4）轉經。在羊拉，每個村落都設置了轉經塔供老百姓轉經，羊拉人將之稱為「嘛尼奪母」。轉經塔高大約 2 公尺、底座四五公尺。它的構成大致有兩部分：底座用泥土圍轉經塔一圈，供民眾放一些刻有「六字真言」或者藏文的石片。羊拉人相信，藏文與「六字真言」一樣，具有同等的功效。轉經塔的中部是空心的，裏面放有一些佛像，並用玻璃圍起。轉經塔的頂端則豎起經幡，由白布或彩紙做成條狀，上面寫著「六字真言」或者其它經文，縏成串綁在一根約碗口粗的木杆上，然後在轉經塔上方高高豎起表示祈禱。羊拉的轉經塔分佈很廣，每個村頭村尾或者路上幾乎都有分佈。羊拉人相信轉經是一項積功德的活動，所以，只要出門幹農活路過轉經塔時不能繞著走，必須要轉完經才走。轉經也有一定的講究，先順時針圍繞著轉經塔轉 3 圈，然後再逆時針圍繞著轉經塔轉 3 圈。有些老年人每天早中晚都要特意到轉經塔轉經，一邊轉一邊念「六字真言」，同時左手不斷撥動佛珠。

2 每月的宗教活動

家庭念經活動。在羊拉，每個家庭每個月至少要舉行一次家庭念經祈福活動。這場念經活動時間不定，一般根據家庭的生產生活來安排。這場經事喇嘛不一定到場，但念經的日子必須要請喇嘛算。算好日子以後，家庭會根據經濟能力請一定數量的和尚和倉巴到家裏念經。念經活動大致持續 1 天，所花的費用頗高，因為家庭要對和尚和倉巴好好招待：早上 6 點吃過第一餐以後就開始念經；到了上午 10 點休息，12 點吃完午飯以後又繼續念；念到下午 3 點就休息，4 點吃完飯以後再繼續念；到晚上 7 點休息，8 點鐘吃過晚飯以後才散場。主人家還必須送給倉巴相應的酥油、磚茶，還有錢。有經濟條件的家庭第二天還要接著念，他們相信，多念經對自己和子孫有好處。

近幾年，羊拉人一般是把和尚請到家裏的客廳（或者經堂）念經。念的經文通常是根據家庭所出現的事情來選定。比如，秋收的時候要念一種名為「勒堆」的經，這是一種感激上天賜予豐收的表達。但是，如果遇到莊稼發生蟲災的時候，必須念一種名為「德哥」的經，這是一種專門用來驅趕蟲災的經；如果是天氣乾旱，或者自己家的莊稼無水源快要枯死的時候，他們就會念一種名為「衣因拉」的經，以求龍神降雨到自己的莊稼地上。如果某個月恰好遇到家人生病，那麼就會選擇一種名為「頂處」的經來念。在春節，他們就念名為「映來」經，表達全家人內心的愉快和喜悅之情。總之，家庭一般都是圍繞著五穀豐登、牲畜興旺、家和人平等方面來選擇經書。比較而言，家庭成員在每個月的念經活動更注重解決當前的現實問題，很少涉及死後的靈魂投胎和重生等問題。可以推測，這些是苯教或者東巴教的遺留，但是這些文化因素又必須經過佛教的認可，如要請喇嘛算日子、請和尚到場。

3　一年的宗教活動

　　涂爾幹指出，宗教體現了一種團結，因為一個特定地區的人遵守某種宗教的規則也就意味著這些人有共同的信仰，他們需要做的事就是宣稱自己忠誠於大家共同秉承的信仰，為此，他們需要舉行一些和這種信仰相互關聯的儀式。[70]這種觀點在解釋羊拉人一年的宗教活動方面具有一定的指導意義。在羊拉，以年為單位而舉行的宗教活動仍然是念經，但是這種念經活動已經超越了個人與家庭的情感，它還起著一種社會整合的作用。

　　（1）寺廟布施。對羊拉人來說，到寺院去布施是一件自豪的事。布施分為兩種情況。第一種情況是不定時的布施，一般是根據每個家庭的意願，布施的時間可長可短。例如，一個家庭的成員接二連三出現不好的事情，病了或者發生一些意想不到的災難時，他們會找喇嘛問明原因。如果喇嘛告訴他們是因為積德太少必須布施的話，他們會積極地付之於行動。第二種情況是在藏曆十月二十五日到寺廟去布施。這一天是藏傳佛教格魯派的祖師宗喀巴大師圓寂的日子，羊拉人把這個節日叫作「噶登安曲」。這時候，羊拉各個寺院都會舉行盛大的法會。在這一天，全體羊拉人都不能殺生，不能吃葷，只能吃素。羊拉人也樂於在這一天布施。據說這一天布施比任何一天的功德都圓滿。一般來說，可以把自家認為好的衣服、上等的好酒好肉送給鄉里的困難戶；也可以到寺院去布施，給寺院的和尚送一些吃的和用的。在羊拉，最大的布施是放生一頭犛牛，用紅繩係著一個弔鈴套住犛牛的脖子後放生，以後這只犛牛無論走到哪裏，都不會遭到捕殺了。

　　（2）喇嘛講法。喇嘛講法是全民性的活動，也是羊拉地區一年

---

70 參見〔法〕愛彌爾‧涂爾幹著，渠東、汲喆譯：《宗教生活的基本形式》（上海市：上海人民出版社，1999年），頁50。

中最隆重的佛事活動。羊拉交通落後，寺院大多建在深山老林中。因此，羊拉人平常很少能見到喇嘛。但是，在年關或者開春，一般會有一場大型的喇嘛講法活動。通常情況下，由一個富裕的家庭發起，把喇嘛邀請到自己的家裏，然後向全鄉發佈關於喇嘛到他家講法的具體消息。這個消息傳開以後，全鄉家家戶戶都盼望那一天的到來，他們早早準備好包穀、酒、乳酪、酥油等在那一天到主人家去。到了主人家以後，先把帶來的這些食物送給主人，然後在主人家裏吃飯。這餐飯沒有太多講究，主人一般會提供一大碗菜、油餅、乳酪、酒還有酥油茶招待客人。客人席地而坐，就在客廳的木地板上吃飯、喝茶。吃飽以後，三三兩兩到外面等待喇嘛的到來。而主人早已經在外面的一塊寬闊的空地上準備好了給喇嘛的坐墊和小桌子，喇嘛在幾個和尚的陪同下到來，接受民眾的朝拜。這種朝拜非常講究：民眾雙手合掌舉過頭，自額頭到大腿膝蓋全身著地，如此反覆迴圈 3 次。喇嘛接受了民眾的朝拜以後便開始講法，教導民眾向善。法會一般持續 2 小時左右。每個人在離開之前都會自覺排隊經過喇嘛的面前，由喇嘛一個個地摸頭頂；如果帶有礦泉水或者包穀等食物，都會打開讓喇嘛往裏吹一口氣再帶回家。據說，喇嘛吹過氣以後的水和食物相當於聖藥，在家人生病的時候具備藥的療效。

（二）複合信仰中的苯教信仰與儒學思想

1 被壓制的苯教信仰

史料記載：「公元 680 年，吐蕃在今迪慶維西塔城一帶置神州都督，並轄鐵橋東西十六城。是時軍中有本教巫師，本教為國教。」[71]

---

71 迪慶藏族自治州民族宗教事務委員會：《迪慶藏族自治州宗教志》（北京市：中國藏學出版社，1994年），頁1。

因此，藏傳佛教並不是羊拉人唯一的信仰，如同康區的許多地方一樣，羊拉也曾流行過苯教。不過，由於格魯派的強勢入主，羊拉的苯教信仰已基本上被格魯派壓制了。譬如，羊拉鄉目前也存在一種亦僧亦俗的經師，老百姓將他們稱為「安確」。但是這些經師與其它苯教遺風濃厚的地方的阿尼不同，他們沒有任何法器，既不會治病，也不會驅鬼，只能在格魯派僧人的帶領下一起念經。

羊拉人苯教觀念淡薄還體現在羊拉人不信鬼。即便一些人相信有鬼，也認為宇宙中所有的鬼都被活佛制伏了。在三岩的寺院中我們發現了許多苯教的神轉化為佛教的護法神的現象，但是，在這方面羊拉鄉的寺廟有所不同：則母寺大殿正門內的佛像主要有釋迦牟尼、宗喀巴以及形態各異的幾尊羅漢；茂頂寺是羊拉地區頗有名氣的寺院，其正殿的佛像是釋迦牟尼、宗喀巴和文殊菩薩；位於羊拉與西藏芒康接壤地區的紮史林寺正殿供奉的是釋迦牟尼和松贊干布等。這些寺院雖然大小不一，供奉的佛像也不盡相同，但是有一個總的特點，那就是沒有任何護法神。這個特點與藏族的許多寺院在正殿或大門口處擺放面目猙獰的護法神不同。羊拉流行的各種佛教傳說裏也找不到護法神的身影，相反，那裏流傳著大量關於宗喀巴大師派遣使者鎮鬼的傳說。其中一個版本如下：

> 據說在很久很久以前，這裏有一隻很大的動物專門吃人，因此犯了眾怒被天神處罰，但眾神看到這只動物很餓，不忍心將它殺死，於是想出了一個辦法，把它放到丹達河裏面。這樣既能保存它的生命，又不讓它在陸地生活而影響人類。然而，令大家想不到的是，這只動物到了河裏面變成了短命鬼，專門吃小孩，時不時掀起狂風暴雨把一些嬰兒沖到河裏成為它的盤中餐，然後又往水裏吐毒液，茂頂村的很多村民喝了丹達河的水

以後年紀輕輕就死掉了。很多人都很害怕，人們壽命變得越來越短。於是，他們打算全都逃往四川得榮那邊去生活。在危急關頭，宗喀巴大師派了一個得道高僧到此。該高僧目睹這一切後，對人們說：「河的兩岸不太平，你們就算跑到對面去，也無濟於事，因為這個短命鬼到處在作怪。」他邊說邊用手在天空比劃，一瞬間，一張寫滿無數經咒的巨大的網從天而降，貼到了丹達河兩岸的石崖上。短命鬼再次來索人命的時候被高僧寫的咒經罩住，然後服輸了，從此答應不再作惡，高僧答應放它一條生路。可是，這只鬼卻惡性不改，一轉眼，它又開始吃人了，高僧再一次降服了它。這一次它在高僧面前立下重誓，答應做一隻善鬼，但後來還是食言了。到了第三次，高僧不得不把它鎮壓在河底，永世不得翻身。所以，今天的羊拉人非常重視發誓，如果發誓以後不遵守，死後自己的靈魂將會掉下十八層地獄，就像這只鬼一樣。但無論如何，丹達河的水源再也沒有被污染了，以後茂頂再也沒有發生過水鬼吃人的事件，人們也就慢慢長壽起來了。

事實上，在當地的藏語發音中，「茂」就是「經書」的意思，「頂」是「上層」的意思。「茂頂」一詞說的就是「用經書堆起來的村子」。而「丹達」便是「鎮住」的意思，可能和這個傳說有關，即鎮住短命鬼之意。解讀這些詞語，可以發現佛教與之前的民間信仰（主要是苯教）之間的衝突。與金沙江上游的傳說不同的是，這些魔鬼要麼被鎮在大山之下，要麼認輸跑了，它們都沒有轉為佛教的護法神。例如，在康區廣為流傳的卡瓦格博在密宗蓮花生大師的勸導下轉化為佛教護法神的傳說，羊拉人的敘述方式就明顯不同。筆者在田野調查中就這個傳說請教了當地的許多老百姓，大多數人向我表示沒有

聽說過這個傳說。關於卡瓦格博，羊拉鄉流傳的傳說版本如下：

> 卡瓦格博是一個人的名字，事實上他是一個活佛，他從小就刻苦鑽研佛經，慈悲為懷，一生為民，做了許多好事。他每年都為藏族人祈禱五穀豐登、家畜興旺，所以深受藏族人的愛戴。他於羊年誕生，圓寂以後捨不得離開這個地方，捨不得他愛護的藏族群眾，於是轉世成卡瓦格博神山，日夜守護著我們這些藏族人。所以現在我們要去轉山，表示對卡瓦格博的尊敬，也祈禱一年風調雨順。

由此可見，在羊拉流行的各種宗教傳說中，苯教的神要麼被徹底鎮壓了，要麼就是根本沒有蹤影。換言之，相對康區其它地方，他們的苯教信仰印跡淡了很多。

2 被整合的儒學思想

儒學思想在羊拉傳播最早可以追溯到唐朝以前的茶馬貿易。唐朝年間滇西北地方的茶馬互市之興盛正如唐朝的樊綽記載一般：「大羊多從西羌、鐵橋接吐蕃界三千兩千口將來貿易。」[72]宋明以後，朝廷北拒蒙古南下，派重兵把守長城一帶，同時關閉北方的茶馬貿易通道，但是朝廷需要大批馬匹充當軍備，因此南面的茶馬古道成為當時全國少有的貿易通道，刺激了滇西北貿易的繁榮。在清代，吳三桂更是報朝廷批准與達賴喇嘛互市於金沙江邊。

茶馬古道是一條充滿生機的道路，所有的貨物交易完全通過馬幫

---

72 〔唐〕樊綽著，趙呂甫校譯：《雲南志校釋》（北京市：中國社會科學出版社，1985年），頁284頁。

來完成，而在茶馬古道上行走的馬腳子無疑成為貿易的主力軍。羊拉
與地處茶馬古道貿易中轉站的奔子欄接壤，這裏的藏族無疑成為馬幫
主要的雇用對象。馬幫不僅是貨物的輸送者，同時也是文化的傳播
者。筆者在羊拉調查期間，81 歲的紮西此裏對筆者講起了他祖父走
馬幫的情況：

> 祖父最遠南下大理，北到昌都。從羊拉出發，走到奔子欄需 1
> 天的時間，然後從奔子欄到麗江要 4 天的時間。到了麗江，等
> 來自大理的東家，東家到了以後他們就幫忙裝茶葉、紅糖和乾
> 酒，然後趕馬到西藏的鹽井和昌都去換鐵器和鹽巴。他們投宿
> 的時候，店主經常以大瓶酒、大塊肉給予招待。祖父經常在外
> 面行走，結交了不少朋友，後來又帶上我的父親。我很小的時
> 候也跟過父親在外面走馬幫，就是這樣學會了納西語和漢語，
> 甚至能聽懂一兩句廣東話。[73]

　　茶馬古道上，大量的羊拉人充當馬腳子，他們常年奔波在藏地與
漢地之間，不僅開闊了視野，還接觸了不同民族的文化。這條古道就
像一個巨大的熔爐，接受了來自四面八方不同民族的文化。這些文化
經過古道的交融之後隨著人員的流動向四面擴散，對羊拉的突出影響
就是，羊拉的藏文化裏包含了漢文化的一面。
　　除了茶馬古道的作用，清代以來的改土歸流事件和大量的漢地移
民流入是漢文化傳入羊拉的另一途徑。康熙年間，西藏爆發準噶爾之
亂，清朝兵分三路由青、川、滇入藏加以平定。由滇入藏這條線經過
中甸與德欽，平定準噶爾之亂以後，清朝命令返回的清軍常駐中甸與

---

73 訪談時間：2011年9月。

德欽等地。「自清康熙五十八年（1719年），清軍入藏，到1759年，隨著軍、工、匠、找礦的漢族遷入，這些人在生活中既保留了藏族的各種習慣，又繼承了漢族的各種風俗，多數同化為藏族。」[74]清代以後，中甸、尼西、奔子欄等地又被探出大量的銅礦。據《維西見聞錄》記載：「凡礦皆石，而亦有鬆土成礦者，麗江回龍廠曾有於銅中挖出鬆土數斗，棄於道旁，色稍異於別土，有識者攜之去，煎熬得銀數十兩。」[75]於是，全國各地的民眾相繼湧入採礦。僅光緒年間，興辦的大小礦廠就有13個以上，中甸的經濟則呈現了「攻廠駝負為生」的景象。[76]阿墩子則以來自云南漢族地區及兩湖、兩廣、江西、福建、陝西者居多，他們多經商或從事工礦業。在中甸及阿墩子的漢族逐漸同藏族通婚，融為藏族的一部分。[77]這種情況一直到今天仍然沒有改變。2002年，羊拉鄉甲功村40公里外的地方也發現了萬噸級的銅礦。2003年6月11日，雲南省政府宣佈迪慶州政府同雲南銅業集團公司共同開發羊拉鄉的裏農礦段和路農礦段。[78]羊拉加快了商業化的步伐，而與之相伴的則是漢文化的滲透。目前，從羊拉流傳的大量傳說中也可發現藏漢交流的影子：

> 文成公主在唐送親使江夏王太宗族弟李道宗和吐蕃迎親專使祿東贊的伴隨下，出長安（即西安）到四川。從四川又經過雲南迪慶州的香格裏拉後沿金沙江逆流北上，途經德欽縣的奔子欄

74 雲南省中甸縣地方志編纂委員會編纂：《中甸縣志》（昆明市：雲南民族出版社，1997年），頁145。

75 〔清〕餘慶遠著：《維西見聞錄》，希賢、沙露茵選注：《雲南古代遊記選》（昆明市：雲南人民出版社，1988年），頁119。

76 參見王恒傑：《迪慶藏族社會史》（北京市：中國藏學出版社，1995年），頁208-210。

77 參見佚名：《雲南德欽調查報告》。

78 《迪慶日報》2010年8月7日第2版。

鎮，過羊拉鄉北出西藏的芒康縣而到達拉薩。在出雲南的北大門羊拉鄉前夜，羊拉鄉藏族群眾盛情把松贊干布的專使祿東贊、唐使李道宗及文成公主留了下來，大家盡情地喝酒、唱歌、跳舞。可能是因為喝醉了酒，到了第二天早上大家醒來時，祿東贊、李道宗、文成公主等一行人已經不知去向，只發現他們留下的釋迦佛像、珍寶、金玉書櫥、經典書籍等；並留下多種烹飪食物、花紋錦緞、工技著作、治病藥方、各種穀物和青稞種子等等。最奇特的是，在羊拉鄉甲功村的東南面，神不知鬼不覺地突兀升起兩座山來。有的人說南邊的是李道宗，北邊的是祿東贊，他們是在這裏依依不捨地拉著手辭別的；有的人則說，兩者都不是，兩山上的眾多石頭是眾多的藏族群眾和漢族群眾在那裏面對面的暢飲、敘情。而更為特別的是進入秋冬，兩個山會同時積雪，同時化雪。有人說他們是「有福同享，有難同當」的兩架山。所以，當地群眾都稱他們為「兄弟山」。[79]

除了這個頗具浪漫色彩的傳說能夠說明漢文化對羊拉的影響以外，我們再看看藏傳佛教本身的漢文化因素，這裏最明顯的表現莫過於羊拉人以漢傳佛教的「和尚」一詞來稱呼藏傳佛教的普通僧人。在羊拉，凡是有條件的人家都願意送自己的孩子到寺院出家。所謂有條件，指的是家裏不少於兩個男丁。當長子到了 10 歲，就會被送到寺院去剃度。剃度以後就成為「拜扭」，也有的稱為「絜哇」。這些剛入寺的孩子在寺院的等級是最低的，他們主要承擔寺院的一些雜事，閒時念經。隨著年齡的增長，他們就會逐漸被送到西藏的拉薩去受戒成

---

79 〈「兄弟山」：聯結千年兄弟情〉，《迪慶日報》2010年8月7日第2版。

為正式的僧徒。這時他們有一個稱呼，那就是「格龍」。「格龍」在拉薩學成以後一般要回到原來的寺院，根據能力大小在寺院任各種職務，同時承擔寺院的各項事務。當然，一些比較富裕家庭的孩子還要繼續待在拉薩甚至到印度學習，直至取得佛學的最高學位——「格西」為止。這是藏傳佛教等級制度的體現，不過對於羊拉的老百姓來說，他們無法對這些僧侶的等級做出如此詳細的區分。羊拉人對僧侶階層的稱呼只有兩種：和尚與喇嘛。「和尚」是對普通僧侶的稱呼，而「喇嘛」則是人們對活佛的稱呼，因此「和尚」的地位並不高。

　　羊拉鄉接受漢文化的影響還突出表現在羊拉人熱衷於過春節。羊拉藏族人在除夕當天也會在自家的門上貼春聯，也有吃年夜飯的說法。羊拉的春節一共是 15 天，即從農曆初一到十五，羊拉人將春節稱為「洛色」，即新年的意思。除夕之夜，家家戶戶用白粉在廚房的樑柱和門上點綴吉祥的圖案。大年初一，人們在家吃「布魯粥」。大年初二，年輕人帶上一些酒肉給親戚朋友拜年祝壽。大年初三以後，人們就可以到外面轉經或玩耍了，一直到十五才結束。與春節濃烈的氣氛相比，羊拉人不興過藏曆年，甚至很多人根本就沒有聽說過藏曆年。羊拉鄉副鄉長阿肖是土生土長的羊拉人。他告訴筆者，他從小村裏就沒有過藏曆年的習慣；只是到 20 世紀 80 年代，在政府的號召下，一些幹部家庭才過藏曆年，但是群眾一直沒有這個習慣；近年來，幹部家庭也不過藏曆年了。

二　「孝」道：通往轉世的手段

　　接受了佛教信仰以後的羊拉人相信人死後靈魂將在六道中投胎和轉生。六道，是佛教將宇宙空間劃分的六個等級，它們分別是天、人、阿修羅、畜生、餓鬼、地獄。佛教認為，生命不是客觀存在的，

而是由「色、受、想、行、識」五蘊組成的，這五大元素的聚合運行
生成是其在六大空間的重新組合。筆者在羊拉調查期間，屬格魯派的
則母寺的堪布向筆者描述了這六道的具體情形。他說：

> 六道中的天道是最好的地方，那裏有好吃的、好喝的、好玩
> 的，但是天道的眾生過於享樂，他們同樣害怕死亡，而且他們
> 在天道中將今生的善全部耗盡，死後進入地獄的可能性很大。
> 人道與天道相去不遠。此道眾生在往生中有善業，但是並沒有
> 放下人世間的功名成就和愛恨情仇，他們身上有一種嗔恨的習
> 氣，所以不能前往天界，只能以一種似天非天的生命形式存
> 在。人道之苦莫過於生老病死，但是人道有機會修法，有機會
> 做善事，所以是一個好地方，只要持之以恆，必定能脫離苦
> 海，往極樂世界。
> 阿修羅道雖然也屬於善趣。該道的福氣也很大，但是該道的眾
> 生妒忌心最強，他們喜怒無常，經常與天界的眾生打架，又打
> 不過別人，往往大敗而逃，因此他們的生活並不快樂。另外，
> 由於該道的眾生沒有苦，也只顧享樂，死後會進入三惡趣。
> 在三惡趣中，投生畜生道的眾生所受的苦相對會少一些，但是
> 也很不好，因為動物不會念經，不能修佛法，只能被宰割，死
> 後還會進入惡趣。
> 餓鬼道的眾生生活在一片黑暗的世界中，他們又渴又餓，冷風
> 吹來，會暈死一百遍，而且那裏是一個相互纏鬥、「大魚吃小
> 魚」的不平等的地方，勢力大的經常會欺負勢力小的，生活很
> 不好。
> 生前作惡最重的會進入地獄道。地獄道比餓鬼道還要慘，就像
> 坐牢一樣，那裏有枷鎖、鐵鍊把眾生鎖起來，還有火炭燙他們

全身，鋼針刺他們的肌肉，會給他們用上各種各樣的刑具，非
常慘，而且那裏的眾生要經歷幾萬億年才有可能脫離地獄之
苦。[80]

由此看來，格魯派對六道的描述基本上與佛經的描述一致。六道
輪迴中雖然有三善趣與三惡趣之分，但是總的來說，六道中的苦多於
樂，因此佛教勸導眾生應勤修佛法，多做善事，這樣是為了日後能夠
跳出六道輪迴，脫離苦海，達到涅槃狀態，前往極樂世界。然而，為
了宣揚活佛的神秘性，等級觀鮮明的藏傳佛教教義又不得不承認，只
有活佛才能達到涅槃的境界，普通群眾無論如何是達不到這種修為的。

因此，對於普通民眾來說，六道輪迴中的三善趣與三惡趣就成為
他們死後靈魂的歸宿。在某種意義上，靈魂的歸宿也是羊拉藏族群眾
日常行動的準則。一個人死後靈魂會轉生到三善趣或三惡趣完全取決
於此人生前的業力，這些業力主要包括在死亡之前給寺院布施、為眾
生念經等。由於羊拉的複合信仰是藏傳佛教「含括」儒學思想的信
仰，所以這種輪迴與轉世又很明顯滲透著孝。例如，子女把對父母的
孝當作善業、把對父母的不孝當作惡業，這些因素與靈魂的轉世對應
起來，孝與善業從根本上決定一個人在死亡以後其靈魂進入三善趣，
而惡與不孝從根本上決定一個人死亡後其靈魂進入三惡趣。這兩對概
念起著維護羊拉社會正常運行的功能。便是對羊拉這一套喪葬文化模
式的表達。

羊拉的喪葬文化基於有機團結的農業社會與藏傳佛教信仰，期間
夾雜著儒學信仰的文化因素。有機團結的農業社會與藏傳佛教信仰對
葬式的要求在根本上呈現了兩極對立，使人們在葬式方面對「保留屍

---

80 採訪時間：2011年9月。

體」持猶豫不決的態度。這套喪葬文化模式表現了以下四大特點：第
一，土火二次葬在這裏是最流行、最普遍的葬式，它將羊拉喪葬文化
的兩大支撐——黃教信仰與農業的生計模式體現出來，我們不妨將羊
拉的喪葬文化模式概括成土火二次葬喪葬文化模式。第二，各葬式之
間並不存在絕對的等級關係，因為這些葬式與死者的輪迴轉世並不存
在相應的對等關係。但是，葬式與葬式之間基本上是以孝道來區分
的，如土火二次葬、分肢水葬與火葬包含子女對長者的孝義。兒女對
父母的孝義很明顯是與善業畫等號的。在大多數情況下，子女依據長
輩的死亡情況實行除了整屍水葬以外的其它葬式被認為是行善，這將
成為他們在將來死亡時靈魂進入三善趣的充分條件（筆者將子女的死
亡到三善趣的連線以虛線表示）。第三，土火二次葬喪葬文化模式是
以藏傳佛教的六道輪迴觀建構死後世界的，這種六道輪迴觀很少滲入
地方的信仰體系，體現了人們對生命持無常的看法。在「無常」生命
觀的影響下，每個人的靈魂轉世是依據生前的行為而定的，一個人死
後無論家屬做什麼事情都無法改變。第四，六道輪迴觀以三善趣與三
惡趣的兩極對立定位死者靈魂的轉世，而死者靈魂轉世的好壞又是以
善業與惡業作為區分標準的。由於這種轉世觀滲透著「孝」，所以無
子嗣的人群很顯然與惡業畫上了等號。這從根本上決定了他們的轉世
無法與有子嗣的人群相比，即使他們一生行善、勤於念經，他們死後
進入三善趣的機會也很少，筆者以虛線表示（無子嗣人群的善業行為
與三善趣的連線是虛線）。

第六章
魂歸故里：實現永生的手段

　　喪葬作為一種文化現象，將自然環境、社會結構與宗教信仰等諸多要素有機地串在一起，使這些因素在動態層面相互發生作用。在本書的第三章到第五章的人類學描述中，筆者對金沙江峽谷進行分段，分別選取了金沙江峽谷入口的玉樹巴塘鄉、中段的川藏三岩以及出口的雲南羊拉鄉作為田野點，並特意從三個不同的視角對其喪葬文化進行了考察：對玉樹巴塘鄉的考察更多停留於相對靜態的社會結構層面，對三岩喪葬文化的考察主要側重於從藏族社會內部的宗教信仰發展歷程，對羊拉的描述則專注於異文化與土著文化的互動關係。事實上，這三種考察維度在每個田野點中皆有涉及，只不過側重點不同，而這三個田野點也在某種程度上代表了藏族喪葬文化的不同類型，將之綜合在一起進行研究，能夠對金沙江峽谷的喪葬文化進行比較全面的認識。

第一節　比較：金沙江峽谷喪葬文化展示

一　峽谷喪葬文化的同質性

　　石棺葬與塔葬兩種葬式在三個田野點都有發現。石棺葬布滿整條金沙江峽谷，可以證明古羌人沿著金沙江從玉樹南遷到羊拉。其具體遷徙路線正如藏族學者格勒所說，從甘青進入四川石渠，然後從「石

渠→金沙江流域→沿金沙江而下→白玉→巴塘→德欽……」[1]。再看塔葬，這種葬式起源於佛教，佛祖釋迦牟尼圓寂以後，他的舍利子就被分為 8 份供奉在塔裏，它是佛教徒尊奉佛祖的一種表達，塔葬也因此成為佛教裏面專門針對佛法達到一定修為的高僧圓寂後所實行的葬式。目前，塔葬在金沙江峽谷的三個田野點皆有發現，並且各地的塔葬都是用於葬那些藏傳佛教高僧的，它們都代表了峽谷內藏傳佛教高僧擁有至高無上的名望和地位。毫無疑問，這是藏傳佛教信仰在思想上統治峽谷的具體體現。

以上兩種葬式說明了古羌文化與藏傳佛教文化曾經沿著金沙江由北往南傳播，它們為峽谷文化的同質性奠定了基礎。

峽谷的喪葬文化具備同質性，但是這不等於說三個田野點的喪葬文化都相同。在本研究中，筆者特意淡化了「民族」的概念，試圖跳出以「民族」來對文化進行劃分的視角。事實上，從金沙江峽谷的歷史發展進程可以看出，各地的居民雖然名義上都屬於藏族，但是同一民族不等於他們的文化是相同的，因為相同的民族其族源也有可能不同。關於這一點，我們將已經「蕃化」的金沙江峽谷居民的喪葬文化與藏文化中心的喪葬文化做一番對比，便可一目了然。

二　峽谷喪葬文化的差異性

今天，在藏文化中心的衛藏地區，其喪葬文化所體現的兩大特點是天葬最流行、土葬最低賤。那麼，這兩種葬式在峽谷內的表現又如何呢？就土葬而言，玉樹與三岩的土葬所表達的文化內涵存在一致的價值取向，即兩地都把土葬看成一種低賤的葬式，但是羊拉的土葬又

---

1 格勒：〈論古代羌人與藏族的歷史淵源關係〉，《中山大學學報》1985年第2期。

表現出另一種價值取向。羊拉藏族人不排斥土葬；相反，土葬是一種流行的喪葬方式，雖然羊拉的土地質地堅硬，不易挖掘，但這並不影響羊拉人對土葬的熱情。從宗教信仰的角度來分析，玉樹表現出來的無疑是藏傳佛教對土葬的排斥觀念；三岩的土葬則在苯教信仰與佛教信仰之間來回搖擺，但整體上說，佛教信仰的觀念更勝一籌；至於羊拉的土葬，體現的既不是佛教的信仰也不是苯教的信仰，它應該是農業民族對土地眷戀的心理的表現，而這種眷戀在儒家信仰傳入以後最終合二為一。可見，土葬所表達出來的佛教信仰觀念只是在玉樹至三岩段，而在三岩以下的峽谷段則趨弱了。伴隨著土葬的衰落，天葬興起了。今天，玉樹已經形成了以天葬為主的喪葬文化區，老百姓把天葬視為靈魂升入三善趣的唯一手段。當這種觀念在 20 世紀 90 年代傳入三岩以後，三岩也開始流行天葬，其秉承的理由幾乎與玉樹一樣，一些家庭甚至為此不惜翻山越嶺尋求天葬；但是，在峽谷下游的羊拉，這種觀念並不存在。由此可知，玉樹巴塘地區的喪葬文化與衛藏地區最接近，三岩次之，而羊拉則完全相反。

　　理解這種現象並不難。從地域上看，玉樹與衛藏基本同屬於一個大的地理單元，如兩地的海拔大體相當，這無形中為吐蕃文化的傳播提供了便利的條件。事實也確實如此，藏文化一次大規模向金沙江峽谷傳播是在 7 世紀，隨吐蕃東進而催生，而吐蕃東進的首要目標是控制青藏高原，其順序「乃先到昌都，首先控制瀾滄江上游一帶，然後南下怒江與瀾滄江之間的察瓦崗，以穩定側背，再北回至瀾滄江與金沙江之間的地區，再控制金沙江與雅礱江之間的地區，東逾雅礱江，北向進入大小金川地區，越大渡河，直抵川邊」[2]。根據史料記載，吐蕃控制蘇毗的時間是 610 年[3]，蘇毗的地理位置大體在今天的昌都至

2　林冠群：《唐代吐蕃史論集》（北京市：中國藏學出版社，2006年），頁236。

3　林冠群：《唐代吐蕃史論集》（北京市：中國藏學出版社，2006年），頁278。

玉樹一帶。換言之，玉樹成為吐蕃對外擴張過程中第一個被佔領的區域，吐蕃佔領這一片高原以後將其改名為孫波如，並派遣重要大臣坐鎮指揮。此後，玉樹成為吐蕃王朝東攻吐谷渾和唐朝疆土的軍事補給基地。所以，與金沙江峽谷其它藏族地區相比，這裏與吐蕃本土在政治、經濟、文化上的聯繫更為密切，聯動性更強。[4]換句話說，此時玉樹地區的文化在某種程度上就是吐蕃的文化。

吐蕃控製玉樹，就等於控制了金沙江的入口，佔據了制高點，它便可以利用金沙江峽谷北高南低的地理優勢輕而易舉地拿下當時活動在金沙江流域的白蘭等諸羌部落。634 年，松贊干布因怒吐谷渾離間其與唐之關係，致使唐朝不允和親之請，出兵擊吐谷渾，吐谷渾不支，走青海之北。吐谷渾的地理位置在白蘭之東北，那麼吐蕃攻打吐谷渾的行軍路線不可能不經過白蘭。從這裏可以推測出，吐蕃控制金沙江上游一帶的時間最早在 610 年，最晚不會超過 634 年，當時白蘭等諸羌部落逐漸被吐蕃蠶食，不得不南移。吐蕃最後消滅白蘭的時間是 656 年，那時已經有大量吐蕃士兵隨軍征戰而定居於金沙江峽谷。從吐蕃的戰略佈局來看，攻打白蘭的士兵主要來源於玉樹。「松贊干布進兵攻破党項及白蘭諸羌，以青海玉樹貝嘉德十二部為主力，組成中勇部，南攻南詔，佔領藏族地區東南緣結塘部落。《朗氏家族史》載：朗・古容僧格在傑地（今中甸）爆發漢藏之亂時向漢地進軍，攻陷漢地的水城揚列（疑為其宗、塔城一帶）。」[5]

簡而言之，吐蕃東擴所利用的就是青藏高原西凸東傾的地理優勢，沿著金沙江北高南低的地理走勢逐漸實現對金沙江峽谷的統治，因此峽谷內的藏文化便跟隨這條路線由北向南傳播。衛藏中心的文化

4　參見蒲文城：《青海佛教史》（西寧市：青海人民出版社，2001年），頁52。

5　雲南省中甸縣地方志編纂委員會編纂：《中甸縣志》（昆明市：雲南民族出版社，1997年），頁265。

首先傳入玉樹，再由玉樹傳至三岩，最後傳到羊拉。這種喪葬文化隨著民族遷徙在峽谷內呈直線形行走，文化傳播的強弱與距離成反比。因此，吐蕃的天葬文化傳到金沙江峽谷最南端以後就變得非常弱了。

第二節　區分：金沙江峽谷喪葬文化的時空演變

以上分析表明，金沙江峽谷的三個田野點在喪葬文化方面具備非常強的同質性，但是基於這種同質性而產生的差異性卻是不能忽視的。這些差異性不僅表現在葬式方面，在死亡觀方面也有所體現。如果對金沙江峽谷的喪葬文化進行時空區分，大致可以勾勒如下。

一　峽谷喪葬文化的時間區分

從時間上看，整條峽谷的喪葬發展歷程大致可分為四個階段。

第一個階段是史前時代。在這一時段裏，來自西北氐羌的祖先、來自北方草原游牧民族的祖先和西藏的土著民族的祖先紛紛湧入峽谷生活，也為峽谷帶來了多種多樣的葬式，它們分別是食屍葬、野葬以及居室葬、岩洞葬和甕棺葬。從死亡觀方面看，前兩種葬式是在人類的靈魂觀念產生之前而形成的所謂「葬式」，後三種是人類產生靈魂觀念以後才有的葬式。這三種葬式都在人們的居住區附近實行，事實上，這些葬式是早期人類居住環境的反映。在這一階段，金沙江峽谷居民的靈魂觀念經歷了一個從無到有，又從人鬼共居到人鬼分離的過程。

第二個階段是文字時代到 7 世紀左右。在這個階段，以白狼和磨些為代表的西北氐羌、以鮮卑和蒙古為代表的北方民族和以雅隆人為代表的土著三大族系繼續湧入金沙江峽谷，並且他們都信仰原始的薩滿教，薩滿成為主導喪葬的宗教信仰。而此時青藏高原的氣候特徵是

「公元初甚為寒冷，三世紀末至五世紀亦以寒冷為主，都與大的冰進期吻合。同時，二世紀末至三世紀前期卻出現一個較短的溫暖期」[6]。顯然，這一階段的氣候暖冷皆有，而處於青藏高原第三級海拔的金沙江峽谷氣候應比青藏高原偏暖一些，這種冷暖交替的氣候為各種葬式的流行提供了可能。一方面，氣候寒冷有利於保存屍體，這使史前時代盛行的居室葬、岩洞葬得以繼續維持。另一方面，氣候偏暖，土層鬆軟，挖墳容易，這是石棺葬與土葬存在的必要條件；氣候偏暖也有利於森林樹木的成長，這恰恰是火葬與樹葬存在的必要條件。此時的金沙江峽谷內石棺葬、土葬、火葬、樹葬等悄然流行起來。於是，峽谷內的葬式呈現了豐富多彩的一面，不過其死亡觀卻出奇一致，皆是基於薩滿信仰基礎上的魂歸故鄉。人們認為，人死後，靈魂將回到祖先處與祖先一起生活，而這個「故鄉」又將實際的地理名稱與虛擬的天空合二為一，體現了原始薩滿信仰的樸素觀。

第三個階段從 7 世紀到 12 世紀左右，「從公元六世紀起到十二世紀，青藏高原是一個溫暖的時期……幾百年內該地區極少發現有冰進的遺跡」[7]。在這個溫暖的年代，原始薩滿信仰逐漸過渡到等級觀念森嚴的苯教信仰，峽谷內的各種葬式開始受苯教信仰的支配。從自然條件上看，氣候溫暖濕潤最有利於墳墓的挖掘，而作為一種比較穩定的葬俗，土葬保持自興起以來的慣性，使其在當時的環境中勢不可擋，加之作為「國教」的苯教推波助瀾，使其演變成為一種上等的葬式；而水葬卻很明顯成為一種下等的葬式，這與苯教將拋屍作為懲罰政敵的手段不無關係。而其它葬式皆紛紛披上苯教的外衣，烙上等級

6　吳祥定、林振耀：〈歷史時期青藏高原氣候變化特徵的初步分析〉，《氣象學報》
　　1981年第1期。

7　吳祥定、林振耀：〈歷史時期青藏高原氣候變化特徵的初步分析〉，《氣象學報》
　　1981年第1期。

印跡。這個階段人們的死亡觀都指向復活，把活生生的現實世界原封不動地投射到未來之中。

第四個階段是從 12 世紀起到現在。12 世紀屬藏傳佛教後弘期，這個時候的吐蕃政權早已崩潰，藏族地區各地進入封建割據時代。金沙江峽谷也不例外，不同政權扶持下的佛教僧人對佛法的理解也出現了差異，藏傳佛教各教派相繼興起，金沙江峽谷地帶的喪葬文化由受苯教支配轉為受藏傳佛教支配。一方面，各教派根據自身所處的社會環境有選擇地對原來的葬式進行改造，導致一些複合葬式出現，一些原有的葬式消失，而一些已經消失的葬式復興；另一方面，各教派盡可能推行印度佛教宣導的火葬、水葬以及野葬（天葬）三大葬式，但在推行過程中又不得不顧及其它諸如社會結構、原始信仰等因素。三大葬式不能完全滿足峽谷內人們的需求，人們必須選擇其它葬式作為補充，於是峽谷內仍然保持著多種葬式。

這些演變反過來表明了單一佛教信仰不能完全統治峽谷群眾的精神領域，而複合信仰才是維持社會運行的有效手段。金沙江峽谷各地的葬式由原先單一宗教信仰支配發展到由複合信仰支配，在複合信仰基礎上產生的死亡觀豐富多彩。從大的方面說，佛教所謂的六道輪迴、投胎、轉世等思想是峽谷內老百姓普遍的信仰；但是，在投胎、轉世方面三個田野點的老百姓又表現了許多細微的差別。

先看玉樹的情況，在那裏人們對死亡的看法體現了藏傳佛教輪迴的死亡觀，但是這種死亡觀又將原始薩滿和苯教的一些死亡觀「含括」起來。譬如，人們相信原始薩滿教關於靈魂在骨頭裏的說法，因此天葬的時候多取回死者的天靈蓋骨、肩胛骨或者頭髮，將這些命魂帶回家，讓死去的親人的靈魂永遠和家人生活在一起；另一方面，這些靈魂久而久之也會變成家裏的保護神，而骨頭或頭髮被人們掛在家門口或者當作各種飾品佩掛在身上，它們具有驅鬼保命的功能，甚至

喇嘛也以骨頭類的東西作為法器以驅邪趕鬼。苯教將死後世界視為現實世界的翻版，在苯教看來，人活著的世界是怎麼樣的，那麼死後的世界也是怎麼樣的；並且認為，個人命運是由天神決定的，人的主觀努力無法改變。其實，印度佛教在這個問題上的看法也是如此，佛教常說「冥冥之中自有定數」就是這個道理，不過佛教所謂的「定數」仍然有變動，其轉換的方法就是通過今生行善，個人在今生的主觀努力可以令死亡以後靈魂得到新的重生。「含括」了苯教死亡觀的藏傳佛教噶舉派對此並不否定。譬如關於死亡轉世的看法，巴塘藏族人雖然認為一隻動物死後可以轉世為人，反之一個人死後也可能轉世為一隻動物，但是這種轉世不是沒有限制的。最突出的例子就是一個普通人無論今生如何行善和修法，他死後永遠也不能夠轉世為大喇嘛。在玉樹巴塘鄉的「地方性知識」體系中，所謂六道輪迴轉世觀中的「六道」之流動性並不強。喇嘛圓寂後轉世成為喇嘛，頭人以及社會上有權勢的人死後轉世多進入天道。普通人死亡以後靈魂的轉世範圍大多限制於「人道」這一層，而且還一定要通過天葬這種喪葬方式才能實現；稍微一不小心，他們的靈魂就會和那些患了傳染病或者死於槍口下的人一樣永遠墜入地獄受苦。換句話說，這種佛教所宣導的六道輪迴死亡觀經過當地語系化改造以後，變成了等級觀念更明顯的三道輪迴死亡觀。

　　三岩的死亡觀是一種「插花地」式的，表面看起來雜亂無章，實則自成體系。在三岩，原始薩滿的死亡觀有非常突出的表現。例如，人們相信人死以後會變成鬼，特別是那些不認同帕措組織的人死後將會變成孤魂野鬼，無處可歸。這種死亡觀正是三岩社會組織的一種反映。三岩的帕措是人們在現實生活中依靠的組織，人在現實世界生活中靠帕措，死後靈魂繼續生活，當然也要靠組織。類似的死亡觀在那些薩滿風行的地方也可以看見。例如，在我國黑龍江流域的許多民族

那裏，亡靈的居處是人間想像的「另一個世界」。這個世界與人世間
一樣有各個種族、各個民族，也是一家一戶地居住著；那裏也有太
陽、月亮和星星，也有黑龍江水在流淌，也有山林、牧場，也有各種
動物，亡魂在那裏可以打獵、放牧、捕魚。與人世間不同的是，這個
世界的晝夜、季節恰好跟人間相反，人間白天，那裏黑夜。[8] 此外，
苯教信仰關於靈魂復活的表達在三岩也不少。譬如，在三岩很多年齡
在 70 歲以上的老年人中，他們對死亡的理解就是靈魂重生、重走已
經走過的路。表面上看，這似乎是佛教的信仰，其實不然。因為持這
種觀念的老年人普遍認為喇嘛是為陽間服務的，而阿尼才是為陰間服
務的。三岩普遍流行的苯教死亡觀不等於人們排斥佛教信仰的死亡
觀。例如，三岩一些村落沒有天葬，但死者的親人寧願花費再多的
錢，再辛苦地翻山越嶺也要追求天葬。他們的目的只有一個，那就是
為了讓死者的靈魂升入三善趣。在這個問題上，三岩與玉樹巴塘鄉又
表現出明顯的不同。正如筆者之前所指出的那樣，玉樹巴塘鄉的老百
姓實行天葬是為了避免靈魂墜入三惡趣，讓靈魂轉世為人；而三岩人
則認為行天葬能夠使亡靈進入三善趣中的任何一層裏，甚至能迅速升
入極樂世界。因此，儘管三岩民風剽悍，以偷竊搶劫為榮，打架鬥毆
是常事，但是他們不管之前做過多少壞事，死後靈魂都不會下地獄。
無疑，這些死亡觀是佛教與原始的薩滿信仰融合而生成的新型死亡
觀。這種新型死亡觀是三岩人在現實生活中不惜以打、砸、搶的辦法
追求財富的保證。

　　而羊拉人的死亡觀基本上是建立在六道輪迴的基礎之上的，而且
更接近印度式的佛教死亡觀，這與格魯派以佛教正統自居的標榜有
關。印度佛教以「苦」為理論基石構建了自己的死亡觀。所謂

8　參見烏丙安：《神秘的薩滿世界》（上海市：上海三聯書店，1989年），頁126。

「苦」，即是「苦諦」，又稱「煩惱」。這裏的「煩惱」並非指人們的思想痛苦，而是讓人們瞭解到生命中處處充滿矛盾，個體生命的終結事實上就是「苦」，也就是矛盾所導致的必然結果。《阿毗達摩俱舍論》卷十云：

> 漸命終者，臨命終時多為斷末摩苦受所遙，無有別物，名為末摩。然補身中有異支節，觸便致死，是謂末摩。若水、火、風隨一增盛，如利刀刃觸彼末摩，因此便生增上苦受，從斯不久遂致命終。[9]

在印度佛教看來，由於人生充滿了「苦」，所以世界上的一切榮華富貴、功名利祿只不過是過眼雲煙，轉瞬即逝，根本不值得留戀。生命不是恒久不變的，人生無常才是絕對的真理。「死」並不是「生」的對立面，而是像白天與黑夜一般的孿生姐妹。這種死亡觀對羊拉人的影響就是使羊拉人意識到人生苦短，於是在世時唯有盡可能行善。有人說，雲南的藏族表現了一種柔順的性格，或許與其所秉承的這種死亡觀有關。在生命無常這種死亡觀的影響下，羊拉基本上回歸印度佛教所宣導的葬俗，主要有火葬、水葬和土火二次葬。這些葬式說到底無非是否定屍體與活人之間的互惠關係，體現銷毀屍骨以實現重生的目的。羊拉人認為，人的投胎轉世已經由今生的所作所為確定了，個人無法通過葬式來改變。當然，格魯派的佛教信仰在傳入羊拉以後，也與其它思想發生了一定程度的交融，其中最突出的是儒學思想。例如，羊拉人並不怕鬼，但是他們害怕沒有子女，這種觀念無疑具有漢人的傳統特徵。而在關於「孝」這個問題上，羊拉人也會選

9　〔唐〕玄奘譯：〈阿毗達摩俱舍論〉，《大正藏》29冊，頁56。

擇葬式向社會表達自己的兒女是否孝順自己。

比較三地藏族人的死亡觀可以發現，雖然峽谷內的人們都將死亡視為人生的一個輪迴，但有細微的差別。噶舉派的死亡觀裏已經將苯教信仰的死亡「含括」在佛教體系之下；寧瑪派則顯示出鬆弛、離散的一面；而格魯派體現的死亡觀則是回歸印度佛教關於生命無常的信念。所謂魂歸故里，在玉樹的「地方性知識」當中，人死後靈魂大多只能在三道輪迴的範圍內轉世；對於三岩人來說，人死以後靈魂有多個去處，如靈魂可以昇天也可以下地，還可以回家或者在陰間繼續生活，當然靈魂也可以轉世；至於羊拉人，他們眼中所謂的故里就是大自然與親人的心靈深處。

二　峽谷喪葬文化的空間區分

金沙江峽谷喪葬文化的時間區分是空間區分的基礎，空間區分是時間區分的結果。峽谷內喪葬文化的空間劃分基本上是基於時間劃分的第四個階段成長起來的：金沙江峽谷的入口，天葬最為流行，其它葬式僅為輔助，各葬式之間體現了森嚴的等級，送魂儀式主要體現的是人們對靈魂進入三善趣的追求，人們多在四道輪迴中追求降生於人道，我們暫且將之稱為以天葬為主的等級喪葬文化區。峽谷的中端，多種葬式並行不悖，送魂儀式繽紛多彩，人們對死亡的認識不統一，既有苯教信仰所體現的魂在陰間，也有五道輪迴、六道輪迴，展示的是插花地式的死亡觀，我們暫且將之稱為多種葬式並行不悖的複合葬喪葬文化區。而峽谷的出口，葬式稀少，人們可選擇的葬式也相對少，土火二次葬一枝獨秀，人們在死亡觀方面表現相對豁達，最接近印度式佛教徒的死亡觀，同時帶有儒家文化的色彩，我們可以將之稱為含括「孝道」六道輪迴土火二次葬文化區。

第三節　詮釋：金沙江峽谷喪葬文化模式的差異

那麼，為什麼同在一條峽谷內、同是藏族，喪葬文化會有如此大的差異呢？筆者認為，這可以從三地的生態環境、社會結構、藏傳佛教的傳播手段以及三地與異文化的互動方式四個方面進行分析。換句話說，金沙江峽谷內由北至南的喪葬文化呈現的異同是這四個因素互動的結果。

一　地理環境對比：高原、山壩與河谷

從地理生態方面看，由於整條峽谷貫穿橫斷山脈 800 公里，其北部、中部與南部在自然地理生態方面雖有相同，但是其差異性更大一些。

北段玉樹一帶海拔為 4,000 公尺以上，這種海拔高度與青藏高原基本持平。從氣候方面來看，玉樹具有高寒、乾冷的總體特徵。從地貌上看，這裏地表切割淺，有島狀凍土，因此不適合農耕，但是高原提供了大片遼闊的牧場，它們是牧民生產的主要場所。在地勢上，由於玉樹處於青藏高原三階梯的第一階梯，在某種程度上代表青藏高原第一階梯的生態環境，而相似的生態環境易產生相同的文化。從這個意義上說，玉樹的文化與衛藏地區的文化基本一致，而與其它藏族邊緣地區的文化有著顯著的區別，這正是玉樹的喪葬文化表現為以天葬為主的喪葬文化模式的基本原因。

自然環境影響交通。就巴塘鄉的道路而言，它並不算偏僻，其東面與四川石渠縣的真達鄉、鄧科鄉等隔金沙江相望。但是，歷史上這兩個地方的人屬於不同的部落，長期以來存在械鬥，歷史上留下來的傷痛至今仍然沒有完全消除，即使是今天，兩地的人也很少有往來。

但是，巴塘鄉的西北面與結古鎮毗鄰，文化交流多是經過作為中介的結古。結古是唐蕃古道重要的中轉站，在歷史上並不具有貿易的功能，而是具有政治的功能。明代，隨著南部茶馬古道的興起和川藏線的開通，政府將官道改為川藏北線，唐蕃古道昔日的輝煌逐漸消失，這在客觀上影響了玉樹巴塘人與外界的交流。

三岩在地勢上處於青藏高原階梯的第三階梯，其海拔在 3,500 公尺左右，明顯比玉樹低。在三岩，山高穀深，河流縱橫，植物茂盛，生長著大片的山地針葉林。由於南北走向的山體擋住了西部印度洋冷氣的進入，立體性的氣候比較突出。筆者在田野調查中經常發現緯度高一點的地方白雪皚皚，但是緯度低的地方已經春意盎然。同一個地區的人們可以在一天內感受到不同的季節變化。這種立體性的氣候使三岩人的生產出現了垂直性的差異。在經濟方面，三岩有適合農耕的土地，同樣有大量的土地適合牧業，當地的老百姓採取了半牧半農的生計模式。而半牧半農的生計模式所對應的則是差異性最大化的生態環境，包括森林、草地、耕地、河流等。於是，三岩的生態環境呈現了最大的差異化，它是多種葬式存在並得以保留的基礎。

三岩地勢險要，山高穀深，兩岸的山坡與河谷坡度在 65 度左右，交通極為險要。即使在今天，進入三岩也頗為困難，從金沙江西岸的西藏貢覺縣城莫洛鎮到三岩的道路冬天會遇到大雪封山，道路被阻隔。從三岩往東走有一條出該區的道路，即穿越阿尼弔橋來到金沙江東岸，這條道路是在傳統的驛馬古道上改造的，道路一旁就是千公尺深的懸崖峭壁，頗有「一夫當關，萬夫莫開」的氣勢，這樣的地理環境限制了三岩與外界的交流。歷史上到三岩定居的多是逃難而來的人。譬如，在雄松鄉祖祖輩輩的記憶中，他們的祖先就是逃難的古格王朝國王的後裔。既然是逃難而來，心裏就不存在與外界交流的強烈想法。有關三岩的貿易方面，據史料載，這裏「無市場，亦無商賈，

尚以往康陝人，攜帶雜貨來此換掉土產，運至康定縣出口」[10]。不難
想像，零星商人的到來也將外地的文化傳播至此，但是三岩人很少走
出去，所以三岩的文化傳播不是雙向的，而是處於一個單向流動的線
段之一端。而外界的文化一旦進來，就不容易走出去，從而在當地沉
澱並堆積起來，就像平緩的流水遇到巨石的阻礙一樣，出現一種迴旋
的狀態。三岩之所以保留從古至今的許多葬式，原因莫過於此。

羊拉在地勢上雖然也處於青藏高原的第三階梯，但是它的海拔比
三岩更低一些，其平均海拔僅 3,000 公尺左右，在羊拉村以南的大部分
村莊，海拔僅為 2,500 公尺左右，這樣的海拔無疑是適合農業發展的。
因此，在羊拉的河谷地區可以看到水稻，而海拔再高一些的地區，農
作物則以青稞、小麥為主。人們在經濟活動中表現了以農業為主的生
計模式。其生態環境往往比較單一，它表現為對土地的珍惜，除了大
面積的土地被人們開闢用於種植莊稼以外，其它土地用來種植果樹，
因此羊拉的水果比玉樹和三岩的要多，主要水果有蘋果、梨和桃等。
這種單一的生態環境是羊拉葬式少於其它兩個田野點的基本原因之一。

雖然羊拉地處雲南省東北處最偏僻的地方，但是它的交通並不算
閉塞。其東面有三個渡口直通四川省的巴塘縣，往西越過白茫雪山可
直達德欽縣城；西南部與作為茶馬古道中轉站的奔子欄接壤，從羊拉
鄉政府所在地甲功村乘車到奔子欄只需要 6 小時的車程，道路平整，
車輛基本沿著金沙江岸邊行駛，再從奔子欄到香格裏拉也只需要 3 小
時的車程。因此，雖然羊拉在行政上歸德欽管轄，但是羊拉人非公事
一般很少去德欽，他們出門購置物品多到奔子欄或者香格裏拉。筆者
在田野調查中瞭解到，不少羊拉人有了錢以後都在香格裏拉而不是在
德欽買房子。在羊拉鄉政府附近有 4 個商店，店主進貨全部是先到香

10〔民國〕《貢覺縣志・商情》。

格裏拉，再從那裏轉車到雲南的大理或者下關去。可見，交通要道對
羊拉鄉文化的影響是非常重要的。歷史上，奔子欄的瓦卡渡口是滇藏
線的重要渡口，自茶馬古道開通以來，這裏一直就是內地馬幫的歇
息、補給之地，馬幫在這裏將各種物資倒賣或者轉手，使奔子欄商鋪
林立。清代以後，政府在此處設駐兵，漢族、白族、納西族等相繼進
入，客觀上為奔子欄帶來了各種文化，這些文化又通過奔子欄這個中
介傳入羊拉。由於交通便利，文化交流頻繁，使遠古的文化不易保
存；當一種文化出現以後，就會迅速地將原有的文化覆蓋。因此，羊
拉鄉的喪葬文化像急流一般，不斷地將原有的原始喪葬文化因素沖
刷，導致葬式減少。

二　社會結構對比：機械團結、離散與有機團結

就社會結構而言，三地的差異性非常明顯。

玉樹的社會結構是在地緣基礎之上建立起來的，這裏早在 14 世紀
中葉就形成了部落社會，幾乎是整個藏族地區最早出現部落的地區。
當時，絷武部落統管通天河岸一帶，與拉達、迭達和布慶部落為界，
後來這幾個部落皆被絷武部落兼併。直到 1949 年以後，國民政府駐軍
退出玉樹，絷武部落百戶久邁仍統治這一塊地方。後來，他隨同囊謙
幹戶將玉樹盛產的昂貴藥材以及珍貴的馬匹獻給解放軍受到嘉獎，又
取得了中華人民共和國政府的支持，當地解放後曾受任青海省的領
導，其兒子仁育才仁也曾任玉樹州政府的領導。[11]

考察玉樹部落的歷史可知，在通天河一帶唯絷武部落一枝獨秀，
在發展過程中也沒有遇到其它部落強有力的抗衡，催生了絷武部落的
權力集中制，造就了巴塘鄉社會森嚴的等級結構。在這個結構中，大

11　參見陳英慶：《中國藏族部落》（北京市：中國藏學出版社2004年），頁34。

多數成員過著游牧的生活,唯有保持同樣的習俗,才能使大家意識到同屬於一個集體而不產生離心力。換言之,部落頭人的任務之一就是使成員尊重部落的傳統以維護共同意識,因此頭人有必要借助宗教的力量整肅老百姓的思想。而當時的噶舉派、薩迦派也捲入了爭權奪利的政治鬥爭,僧俗雙方就存在了合作的基礎,玉樹最大的薩迦派寺院──結古寺裏建有頭人的紅宮就是明證。儘管巴塘鄉是一個游牧社會,表面上每個成員在空間中能夠體現最大限度的流動性,但事實是每個村莊、每個家庭都擁有自己放牧的地盤,每個人放牧的時候也絕對不能越界。因此,這種流動性是很不充分的,它與巴塘鄉森嚴的社會結構是一致的。由於這種等級結構更大程度上依賴於世襲制度,所以各個階層成員無法使用除此之外的其它手段突破階層之間的籬笆,社會流動呈現了一種凝固狀態。噶舉派僧人與有財富、地位顯赫的世俗階層成員連在一起,處於橄欖球狀社會結構的巔峰,葬式則成為一種區分身份的手段。因此,彌漫著等級色彩的喪葬文化正是其等級社會結構的反映,喪葬所起的最大功能莫過於維持社會原有秩序的迴圈運行。

　　與玉樹形成的權力集中制相反,三岩的社會結構呈現了一種離散的狀態。

　　歷史上,三岩是權力的真空地帶,其社會組織沒有發展到像玉樹那樣更高一級的部落,而是停留在更原始的血緣組織──帕措之上。各個帕措為了維護自身的利益相互打鬥,但是每個帕措勢均力敵,帕措與帕措在械鬥中的勝利都屬於一種暫時性的勝利,誰也兼併不了誰。「別看是一個小小的部落戈巴,他仍然有外交、軍事的結構,儼然是一個小小的諸侯國。」[12]其社會運行靠的就是帕措與帕措之間的

---

12 范河川:《父系原始文化的活化石:山岩戈巴》(成都市:四川大學出版社,2000年),頁24。

衝突，筆者以「離散」一詞給予形容。由於這一片地區地廣人稀、交通閉塞，歷史上沒有任何王朝對其進行有效管理，三岩人由此形成了一種以偷、搶等與現代法律文明相違背的價值觀。無王化歷史的三岩長期以來沒有形成權力集中制，三岩人習慣了不受約束，他們將自己稱為「日格本墨龍巴」，即「無人管」之意。三岩離散的社會結構為寧瑪派的傳播提供了溫床。在藏傳佛教所有的教派當中，寧瑪派是最特殊的一個派別，該派的僧人一般不脫離生產，他們亦僧亦俗。寧瑪派在發展初期，勢力比較弱，經濟實力也很弱，其發展目標是為了生存，沒有太大野心去爭權奪利。在三岩，僧人只顧念經，一般不參與政治，這在一定程度上削弱了其政治上的威信，三岩人敢於搶達賴喇嘛的茶包即為明證。寧瑪派自身的特點使歷來不習慣受約束的三岩人容易接受，這是寧瑪派能在三岩社會紮根的根本原因。在喪葬方面，三岩社會的做法就是每個帕措皆可根據自身的具體情況對葬式進行選擇，僧人要做的不是決定一個亡者採取什麼葬式，而是充當諮詢的角色並提供超度的服務。

我們再將目光轉向羊拉的社會結構，看到的則是另一番景象。

羊拉人呈現了一種文緣關係，即把信仰藏傳佛教當作一種文化資本，以作為他們區別於其它民族的一個標誌。羊拉的老百姓多來源於吐蕃入滇時的戍兵，在吐蕃王朝瓦解後沒有贊普命令他們返回藏地。自入滇西北以來，他們受管於神川都督府。換句話說，他們很早就接受了政府的管理。身為軍人的後裔，他們有較強的法紀觀念。在以後的歷史發展過程中，特別是在清代以後，經商的、挖礦的漢族移民相繼湧入，羊拉頻繁經歷多次民族融合，這是羊拉沒有形成如三岩那樣以血緣關係為基礎的帕措社會結構的原因。羊拉靠近作為茶馬古道中轉站的奔子欄，在地理方面有著較早接受商品經濟觀念的優勢，而商品經濟正是基於「平等交換」這一原則而建立起來的。在羊拉人的交

換中，如果純粹以經濟價值來衡量，交換雙方的物品未必就一定是等價的，但這卻是羊拉的「地方性知識」認可的。羊拉人交換的是一種人際關係。正因為如此，我們才能解釋為什麼甲家人辦喪事時乙家送5斤包穀酒，而乙家在辦喪事時甲家卻送給甲家10斤酒，這些顯得如此自然的交換正是人際關係平等的明證。很顯然，在這一系列的交換體系後面包含的邏輯就是：一個人或者一個家庭與別人交換的頻繁程度體現了這個人或者這個家庭與親戚朋友、鄉鄰鄉親的關係，這正是羊拉沒有形成部落等級制的重要原因。基於這些背景，羊拉的社會結構出現了類似於法國社會學家涂爾幹筆下「有機的團結」之狀態。

羊拉人的宗教生活受藏傳佛教格魯派統領，說明了清代以後中央王朝的力量已經深入這一片地區，因為在眾多藏傳佛教教派中，能獲得清政府支持的正是格魯派。[13]而與三岩的寧瑪派僧侶只許念經、不過問社會事務不同的是，格魯派由於背後有中央王朝的支持，其「寺院的建設從一開始就得到地方宗官、莊園主的支持。寺院建成後，兩者立即連成一氣、形成一體，涉及整個宗卡的大事」[14]。因此，格魯

---

13 據清朝負責處理藏蒙佛教事務的國師章嘉記載：「大皇帝問在西藏有多少不同的教派，這些教派是否都屬於佛教，格魯派比其它教派有何優異之處。章嘉國師回奏說：西藏雖然有許多不同的教派，但只有格魯派、薩迦派、噶舉派和寧瑪派最為盛行。它們都是佛教，只是各自在看法、修行等方面有些差異而已。至於其它教派，它們各自的開創者都曾投拜印度的高僧大德，開始傳播的都是純正的經典教誡，後來他們的一些繼承者沒有弄通本旨，在觀點上發生了一些錯誤。宗喀巴依照文殊菩薩的教授，澄清了西藏佛教中那些沒有領會的、被歪曲的和有疑問的污垢，創立了在顯密兩乘觀修的各個方面都毫無錯誤的格魯派。宗喀巴的著作內容深廣，窮究佛旨，藏地先賢，無人可及。大皇帝本來就十分崇信格魯派，這次經章嘉國師毫無偏見的介紹，以其非凡的智慧洞悉格魯派的獨特優點。不久，皇上發佈命令，在西藏、安多和康區各地宣佈以格魯派的教法和規矩為主要尊崇對象。」（參見土觀・洛桑卻吉尼瑪著，陳慶英、馬連龍譯：《章嘉國師若必多吉傳》，北京市：民族出版社，1988年，頁337-338。）

14 王恒傑：《迪慶藏族社會史》（北京市：中國藏學出版社，1995年），頁142。

派不僅有強大的寺院經濟，在政治、社會事務上也擁有最終的決定
權。如此一來，其僧侶就不單單是念經那麼簡單了，滇西北當時的整
個社會從根本上說就是受佛爺統治的。於是，格魯派在葬式方面擁有
相當的決定權。筆者在田野調查中遇到過這樣的例子：在三岩，一名
死者生前不會游泳，小時候被水淹過，因此臨終前讓家裏人不要實行
水葬，但是後來喇嘛打卦的結果卻顯示死者適合水葬。死者的遺言與
喇嘛的推算相互衝突，最後家人只能尊重死者的遺言，沒有採用水
葬。然而，當筆者將上述例子向羊拉老百姓講述並詢問當他們遇到類
似的情況該如何選擇時，他們異口同聲地表示要聽活佛的，並當場向
筆者表示對上述例子真實性的懷疑。

三　宗教統治手段對比：「含括」、交融與排斥

（一）三地宗教信仰狀況

　　雖然三個田野點都發現原始薩滿信仰、苯教信仰與佛教信仰，但
是這些信仰各自所佔的比重在三個田野點是不同的。這一點通過分析
田野點內各自的葬式就可一目了然。

1　玉樹巴塘與三岩的葬式對比

　　就玉樹與三岩的葬式而言，相同的葬式有石棺葬、塔葬、甕棺
葬、土葬、火葬、水葬和天葬共 7 種。在這 7 種葬式中，石棺葬、塔
葬具有相同的文化內涵，而其它葬式所表現的文化內涵則完全不同。
　　甕棺葬是史前遠古的葬法，是信仰原始薩滿的啟蒙時代人類的靈
魂信仰為人鬼（仙）同居的反映。雖然目前在兩地皆發現甕棺葬，但
是從趨勢上看，玉樹已經在逐步減少，這是原始薩滿信仰在玉樹衰落
的反映。

再看土葬。在玉樹中巴塘鄉，幾乎所有的人都把土葬視為一種最低賤的葬式，認為行土葬的人靈魂會掉入十八層地獄；而三岩人認為土葬只不過是一種傳統的喪葬方式而已，對土葬一邊倒的評價並沒有發生。可知，玉樹居民對土葬的看法秉承的是佛教思想，而三岩人的看法保留苯教的成分。這一點仍然可以從兩地老百姓對天葬的追求得到印證。作為佛教推行的葬式──天葬，自 20 世紀 90 年代在三岩興起以後一直斷斷續續，沒有像在玉樹那樣大規模地流行，原因之一就是三岩人保留著較濃厚的苯教信仰。

再看水葬，玉樹地區主要用於針對夭折的孩子，這種情況在三岩雖然也可以發現，但只限於金沙江西岸的個別村落而已。三岩廣大地區更多地把水葬視為一種差的葬式，專門用來葬那些不好的死亡的人，這種觀念同樣來自古老的苯教。

那麼，兩地對待火葬的態度又如何呢？在玉樹巴塘鄉，火葬是財富、地位與名望的象徵，而三岩則更多地用於針對為了團體的利益打架、死於刀口下的人。換言之，玉樹的火葬體現的是濃厚的佛教本土化的色彩，而三岩的火葬還停留在古羌文化那種「以戰死為榮，病終為不祥」[15]的原始薩滿觀念中。

除去同類的葬式，三岩比玉樹巴塘多出來的主要有岩洞葬與掛葬，這兩種葬式針對的對象皆為夭折的小孩。由此可見，在三岩的「地方性知識」體系裏面，針對夭折孩子的葬式非常豐富，它從側面說明三岩孩子的成活率比玉樹低，這是三岩惡劣的自然環境的體現。從宗教信仰的角度來看，岩洞葬與掛葬儘管披著佛教的外衣，但是它在本質上更多體現的是原始的薩滿信仰。

可見，佛教信仰在金沙江峽谷的入口比峽谷的中端氣氛更濃烈一

---

15 〔南朝‧宋〕范曄：《後漢書》卷87（北京市：中華書局，1986年）。

些。如果金沙江峽谷存在佛教的傳播關係，那麼，這種文化在入口到中端呈現的是遞減的趨勢，相反原始薩滿信仰呈現的則是遞增的趨勢。

2 三岩兩岸與雲南羊拉的葬式比較

在葬式方面，兩地均發現有石棺葬、塔葬、火葬、土葬、水葬，除去文化內涵完全相同的石棺葬和塔葬，那麼兩地的火葬、土葬與水葬所體現的文化內涵既有相同之處，也有不同之處。

首先看火葬。三岩的火葬有兩種情況：一種是用於為了維護帕措的利益打架而死的人群，人們對這種火葬的評價比較好，很明顯，這是羌人在接受了苯教的等級觀念以後，使「以戰死為榮，病終為不祥」的文化傳統得以發揚光大的真實寫照；另一種是針對意外死亡的人群，人們對這種死亡的評價比較差，這種情形與羊拉類似，其文化內涵更多體現的是原始薩滿信仰的天神崇拜觀念。歷史上，古羌人一直生活在寒冷的高原，南遷過程中屢屢被惡劣環境包圍，火成為他們驅趕寒冷與猛獸最有力的武器，於是古羌人將火視為一種能夠驅邪的正義的化身。與正義相對，意外死亡是因為邪惡作祟，必須用代表正義的火才能將惡魔燒掉。

除了火葬以外，兩地的土火二次葬也值得注意。三岩人先土葬再火葬的方式體現了佛苯互動過程中佛高於苯、佛「含括」苯的思想。羊拉土火二次葬中的土葬雖然很少體現苯教的思想，更多的是基於農業民族對土地的眷戀情結，且在漢文化傳入以後又蒙上了一層儒學的色彩，但是作為一種複合葬，其最終結果是以火葬的方式了卻死者的今生，仍然體現了佛教信仰高於儒、佛「含括」儒的思想。但是，必須注意，三岩的土火二次葬是有選擇性的，而羊拉的土火二次葬是必須的。從這個意義上說，在土火複合葬裏面，苯教信仰在三岩有更多的保留。另外，三岩還存在火土複合葬，即先火葬然後再埋屍骨的做

法。很明顯,這是一種苯高於佛的思想體現。

至於水葬與土葬,三岩與羊拉表現了完全相反的態度。在三岩,水葬一般是用來葬那些諸如頭痛、難產等原因導致死亡的人,是一種很不好的葬式,體現的是苯教色彩;而羊拉的老百姓雖然認為水葬不如土火二次葬好,但至少沒有把水葬視為下等的葬式,體現的是佛教信仰。在三岩,儘管有部分老百姓認為土葬是一種傳統的葬式,但也有部分老百姓認為土葬是下等的葬式,體現的既有苯教信仰,也有佛教信仰。在羊拉,老百姓流行土葬,只不過羊拉處於河谷農業區,土地貧瘠,植物群落結構簡單,土地對於人們的生產生活至關重要,這從根本上決定了羊拉人不把土葬作為一種永久的葬式。

三岩比羊拉多出的葬式為天葬、樹葬、居室葬以及甕棺葬。天葬是 20 世紀 90 年代以後才傳入的,而且受苯教的影響時續時斷。三岩的樹葬主要用於葬那些年幼夭折的孩子,體現的是薩滿信仰,而羊拉的樹葬體現的是佛教信仰。這裏特別值得一提的是,羊拉樹葬的消失並不是因為佛教信仰,而是基於生態的原因。三岩的居室葬與甕棺葬表達的都是前薩滿時代人鬼共居到人鬼分離的觀念,而這一系列觀念在羊拉並未發現。

可見,佛教信仰的氣氛在金沙江峽谷的中端比金沙江峽谷的出口淡得多,而原始薩滿信仰或苯教信仰則比峽谷出口濃厚。有關這一點,我們可以從三岩人對土葬的評價中得到印證。在三岩,儘管有部分老百姓認為土葬是一種傳統的葬式,對這種葬式持中性的態度,但自從天葬傳入三岩以後,部分老百姓也依佛教觀念開始對土葬持抨擊的態度。

3 玉樹巴塘與雲南羊拉的葬式比較

最後,我們比較一下玉樹與羊拉的葬式。除了前面談到的遠古的

石棺葬以外，兩地皆發現的葬式有水葬、火葬與土葬。

　　首先看水葬。玉樹的水葬主要針對夭折的孩子，而羊拉的水葬更多用於那些沒有子嗣的人。很顯然，夭折的孩子也包括在沒有子嗣的人群裏面，但是兩地所體現的文化意義是完全不同的。玉樹的水葬更多體現的是「投生」觀念，充滿了佛教色彩，而羊拉的水葬主要是出於沒有人照料墳墓的同情心理而使用的。

　　再看火葬，羊拉主要用於針對那些意外死亡的死者，更多體現的是薩滿信仰的天神崇拜觀念；而在玉樹的巴塘鄉，火葬已經成為財富與地位的象徵，是佛教本土化的重要體現。由此可見，在同類的葬式中，玉樹巴塘鄉的佛教色彩更濃厚一些。

　　至於土葬。事實上，土葬在歷史上既是玉樹也是羊拉的主要喪葬方式，那是因為過去峽谷內的氣候比現在更溫暖濕潤，由於土葬涉及挖墳穴，而挖墳穴的難易程度無疑在某種程度上影響土葬實施的範圍。從今日的情況來看，在高原牧區，土葬稀少與自然環境的變化有莫大的關係。自 12 世紀以後，冰川氣候沿著西北高東南低的地理走勢波動，很快覆蓋藏北全境，包括玉樹地區，泥土表層都裸露出許多石塊，質地堅硬，不易挖掘，加之下雪時有大量凍土，更增加了挖墓穴的難度，無疑使土葬無法成為民間流行的葬式。相反，由於金沙江峽谷中段以下有沿南北分佈的橫斷山脈，這些山脈成功阻擋了冰川氣候的侵襲，使這一片地區在氣候上表現了完全不同於藏北的情況。當藏北高原被冰川覆蓋而成功轉型為牧業經濟以後，藏東、藏南峽谷的許多地區即使受吐蕃中心文化擴散的影響過上游牧生活也沒有放棄傳統上以農業為主的經濟生活，從而決定了土葬的延續。從宗教信仰的角度來看，玉樹土葬的衰落主要受佛教的打擊，而羊拉土葬的興盛與佛教並沒有太大關係。

　　另外，玉樹比羊拉多出來的葬式主要有甕棺葬、水土葬、地葬和

天葬等。過去的甕棺葬體現的是前薩滿時代的信仰，但是玉樹巴塘鄉用於葬頭人的甕棺葬明顯是對佛教高僧實行塔葬的一種模仿，具有濃厚的佛教色彩，羊拉不存在甕棺葬說明這種文化在傳播過程中影響力趨於衰竭。

玉樹的水土葬與水葬一樣，都是用於葬夭折的孩子的，蘊含著投胎的文化內涵，與羊拉出於無人照料墳墓而對孩子實行的水葬相比較，前者具備鮮明的佛教本土化特色。

在玉樹，地葬與天葬一脈相傳，是佛教本土化最明顯的特徵。羊拉沒有天葬，但是有分肢水葬，它也是對天葬的一種模仿。這無疑說明了同質文化在傳播到峽谷不同的生態環境時會發生變異，其變異的動力來自於人們對生態環境的依賴。通過對比兩地葬式所表達的文化內涵，可以得出結論：金沙江峽谷入口處的佛教本土化色彩比出口處的更濃。

表 6-1 為金沙江峽谷各種葬式體現的核心信仰。

表 6-1　金沙江峽谷各種葬式體現的核心信仰

葬式	巴塘	三岩	羊拉
老人居室葬	佛教	薩滿	—
岩洞葬	—	薩滿	—
兒童甕棺葬	薩滿	薩滿	—
石棺葬	薩滿	薩滿	薩滿
火葬	佛教	薩滿	薩滿、東巴
土葬	苯教	苯教	—
水葬	苯教	苯教	佛教
樹葬	—	薩滿	佛教
塔葬	佛教	佛教	佛教

葬式	巴塘	三岩	羊拉
天葬	佛教	佛教	—
地葬	佛教	—	—
水土葬苯教	—	—	—
土火複合葬	—	佛教	佛教
火土複合葬	—	苯教	—

　　通過比較三地葬式所表達的文化內涵，我們可以得出以下結論：第一，原始薩滿信仰在峽谷內有所保留，從玉樹到三岩呈現了增強的趨勢，但從三岩到羊拉則趨於減弱。第二，苯教信仰在峽谷內也有保留，從玉樹到三岩呈現了趨強的走勢，但從三岩到羊拉卻趨於減弱。第三，佛教是整條峽谷內老百姓的主要信仰，但並不是單一的佛教信仰，而是以佛教信仰占主體地位的複合信仰。這種信仰從玉樹到三岩呈現了趨弱的走勢，但是從三岩到羊拉又呈現了趨強的走勢，而且峽谷入口處的佛教本土化色彩比出口處的要濃。

　　總而言之，金沙江峽谷中端的喪葬文化保留著更多的苯教信仰色彩，峽谷入口處更多體現的是佛教的本土化信仰，而峽谷的出口又向世人展示了較為接近印度式佛教的信仰。

（二）三地佛教對本土宗教的融合手段比較

　　三個田野點宗教信仰為什麼會有如此不同的現狀呢？筆者認為，這可以從藏傳佛教三個教派與苯教的融合情況分別對這種現象進行解讀。

　　首先看玉樹地區噶舉派傳播時所用的手段和方式。噶舉派注重密法的傳承，它的經典和教法在源流上皆來自於印度的四大語旨。噶舉派在發展過程中不但不否定苯教的一些教義，而且對苯教的教義與儀

軌進行大量的吸收和改造，而且這種改造比其它任何一個教派都要徹底。關於這一點，噶舉派的創派祖師瑪爾巴和米拉熱巴的行動可以說明。

　　瑪爾巴，原名塔瑪旺秋，生卒年為 1012 至 1097 年，他自幼習法，先後 3 次赴印度、4 次赴尼泊爾取經，返回西藏後創立噶舉派，是噶舉派的開山祖師。據《瑪爾巴譯師傳》記載，瑪爾巴在創立噶舉派的過程中，為了贏得眾多信眾，曾大量表演過「奪舍法」。例如，瑪爾巴的兒子達瑪多德騎馬摔倒在地上，眼看就要死去，瑪爾巴立即用「奪舍法」將兒子的「識」（靈魂）轉移到了一隻鴿子的腦袋裏，在這只鴿子快要死亡的時候，瑪爾巴又派它到屍陀林去找一個 13 歲的剛死的小男孩，又把鴿子的「識」（靈魂）遷移到那個男孩的腦袋中，使他復活。[16]因此，噶舉派是藏傳佛教眾多教派中第一個實行活佛轉世的教派，後來的藏傳佛教實行的所謂活佛轉世制度從根本上都得益於噶舉派的「遷識法」（「奪舍法」）。然而，噶舉派所謂的「遷識法」並不新鮮，其實這只是對苯教「靈魂外寄」的一種繼承而已。我們知道，苯教的「靈魂外寄」是指一個人在死亡之前可以將靈魂寄在許多物體上，而噶舉派對這種思想進行了繼承並發展成為「借屍還魂」的手法。噶舉派作為藏傳佛教的一個派別，它的思想教義來源於印度佛教，而印度佛教承認輪迴。換句話說，它在某種意義上承認了死後世界的存在，但是印度佛教所謂的生命輪迴不等於靈魂不滅。佛教所謂的「輪迴」只不過是建立在一種「無常不斷」的基礎上而已。諸如苯教所謂的人死後靈魂不滅的觀點在佛教看來是不可思議的，因為「靈魂不滅」從根本上否定了佛教的「無常不斷」。「靈魂不滅」意味著「生命有常」。在這個意義上，佛教與苯教是非常矛盾的一對。

---

16 參見查同結布著，張天鎖、申新泰、文國根等譯：《瑪爾巴譯師傳》（拉薩市：西藏人民出版社，1989年）。

於是，噶舉派在發展的過程中成功吸收了苯教的「靈魂外寄」觀念，並對其大肆發揮，這為佛教的輪迴找到了一個主體，那便是「靈魂」。

噶舉派對苯教的改造還表現在儀軌方面。關於這一點，我們可以噶舉派另一重要創始人米拉熱巴的十萬道歌作為例子。米拉熱巴（1040-1123 年）是瑪爾巴的徒弟。他的成佛之路並不順暢。早年，他的父親被害死，因此他的母親命令他學習苯教的黑巫術。米拉熱巴學成後回鄉下，並使用黑巫術殺死了 35 人。除此以外，他還念「放電法」咒術毀壞鄉里的莊稼。[17]米拉熱巴皈依佛教後終成一派宗師。據說有一次，一個患了重病的富商在治病時打算殺羊來贖回丟失的靈魂，恰好被米拉熱巴發現，他及時制止了。他對那位患了重病的富商說治病需要苯教的儀式，但是這種儀式不需要殺生，僅僅是以佛教的口訣唱苯教儀軌歌即可以治好他的病。富商按照他的說法去嘗試，終於治好了自己的病。[18]由此可知，噶舉派眾多高僧對苯教知根知底，懂得如何用佛教的思想對苯教進行改造，以致最後將其「含括」。

再看三岩人的宗教信仰。目前，三岩地區的老百姓接受的是藏傳佛教寧瑪派信仰，與別的教派相比較，寧瑪派最大的一個特點就是修行密宗。寧瑪派雖然成立於 10 世紀以後，但是它的教法與前弘期的法統是一脈相承的。「寧瑪」在藏語的發音系「古」或「舊」，這裏的「古」、「舊」就是西藏前弘期佛教相對後弘期佛教而言的。寧瑪派注重挖掘伏藏的經典，其教義與古老的苯教教義非常像，在發展的過程中與苯教越走越近而離佛教越來越遠，以致藏傳佛教其它教派並不認為寧瑪派屬於佛教。

---

17 參見王森：《西藏佛教發展史略》（北京市：中國社會科學出版社，1997年），頁110-111。

18 參見褚俊傑：〈論苯教喪葬儀軌的佛教化——敦煌古藏文寫卷P.T.239解讀〉，《西藏研究》1990年第1期。

　　為什麼寧瑪派會出現這個特點呢？這主要與藏傳佛教前弘期的社會背景有關。公元 7 世紀以後，雖然佛教已經傳入吐蕃社會，但是它的進程並不順利，其中一個最大的原因就是受到藏地普遍流行的苯巫信仰的排斥。在佛教前弘期，苯教這種古老的宗教信仰不但有吐蕃政權的達官貴族撐腰，在民間也有大批的信眾。而佛教當時作為外來者，不但在信仰層面備受民眾的質疑，在經濟方面也沒有形成後來的寺院經濟實體，傳播之路寸步難行。在這種情況下，佛教為了發展自己，不得不走密法的道路。所謂密法，是印度佛教在大量吸收印度民間宗教的巫咒與儀軌的基礎上形成的。[19]密法的修行與苯教很像，比如僧人可以不出家而專門在家傳教、不脫離生產、娶妻生子、崇尚咒術等，這使寧瑪派在與實力雄厚的薩滿巫術鬥爭的過程中更容易吸收其巫咒與儀軌為己所用。寧瑪派與苯教有相似之處不僅是因為寧瑪派主動向苯教靠攏，而且是苯教也向寧瑪派靠攏。三岩的寧瑪派在教義方面與苯教發生相容以後，與苯教實際上已混為一體，實現了「你中有我，我中有你」的格局。在這樣的環境下，寧瑪派信仰與苯教信仰結合所生成的新型複合信仰顯示的張力就更大，使早期苯教信仰所支持的喪葬方式得以比較完整地保存下來，並且這些葬式所體現的原生的喪葬觀念更完整一些。

　　轉向羊拉的格魯派信仰，這個派別與苯教的關係不如寧瑪派親密，也不像噶舉派那樣將苯教「含括」在佛教的門下，因為格魯派要做的就是清除一切所謂的「邪教」以恢復佛學昔日光輝。

　　那麼，格魯派為什麼會以這樣的手段進行傳播呢？這就要從宗喀巴改革佛教的社會背景說起。自 14 世紀開始，與政權結合緊密的各藏傳佛教教派僧侶因為有統治勢力撐腰而胡作非為，無心佛事。《土觀

---

19 參見褚俊傑：〈阿底夏與十一世紀西藏西部的佛教〉，《西藏研究》1989年第2期。

宗派源流》說：「從天竺來的名為紅阿闍黎和藍袍班智達等人，倡育蹂躪婦女為『合修』，殺死敵方為『救度』，遂有號稱為『合度』的邪法出現。又有許多名為掩秘咒而實則行污穢之法的，如是等等頗為盛極一時。」[20]正是在這種背景下宗喀巴，對藏傳佛教進行改革。在教義方面，其改革的核心為先顯後密。宗喀巴雖然提出先顯後密，但事實上他並不支持僧侶修習密宗，之所以提出這樣的口號完全是為了照顧當時的社會現實：在幾乎所有的教派都主張修行密宗的情況下，格魯派在改革之初不可能直接提出反對密宗的口號，那樣無疑自尋麻煩。德國學者恩斯特·凱西爾指出：「宗教就必須履行理論的功能，同時又履行實踐的功能……它們結合併共同融化那種基本的感情。」[21]因此，只提倡表層的密宗教義而不提供實踐的修煉場所，這是格魯派改革藏傳佛教的一大特點，由此可見，宗喀巴改革宗教的良苦用心。格魯派的絕大多數教義來自主修顯教的噶當派，其與原始苯教水火不容。格魯派在發展的過程中幾乎靠的是蒙古和碩特部強大的軍事武力和清朝政權的支持，它通過軍事鬥爭、武力打壓，徹底從思想上壓制別的教派教義，屢次禁止薩滿教男女巫師進行活動。[22]1639 年，格魯派在蒙古和碩特部的軍事支持下傳入雲南迪慶，遂遭到了來自麗江木氏土司所支持的噶舉派和苯教的聯合抵抗。[23]1667 年，噶舉派和苯

---

20 土觀·羅桑卻吉尼瑪著，劉立千譯：《土觀宗派源流》（拉薩市：西藏人民出版社，1984年）頁84。

21 〔德〕恩斯特·凱西爾著，甘陽譯：《人論》（上海市：上海譯文出版社，1985年），頁12。

22 參見羅志平、白翠琴著：《試論衛拉特法典》，盧明輝等編《蒙古史研究論文集》（北京市：中國社會科學出版社，1984年），頁195-217。

23 過去一些學者在論述這一事件時，只考慮到木氏土司與和碩特部的政治鬥爭，很少顧及宗教的融合度。如趙心愚在〈和碩特部南征康區及其對川滇邊藏區的影響〉（《雲南民族學院學報》2002年第19卷第3期）中說：「推崇苯教的康北白利土司不僅企圖聯合藏巴汗，與卻圖汗也曾有過密切聯繫，信奉的宗教不同並未成為這種關

教寺院均被當時前來鎮壓噶舉派、苯教僧侶和木氏發動的反黃教（格魯派）暴亂的蒙藏聯兵摧毀，寺院及其莊園與居家頓巴的房屋、土地財產等均被沒收，僧侶被迫還俗，多數居家頓巴被鎮壓。自此，縣境無苯教僧侶，亦無殺牲祭祀的「頓巴」。[24]格魯派一統天下以後在行動上強制要求當地人放棄苯教和巫術信仰，甚至從根本上壓制這些信仰所支持的喪葬習俗。正因為藏傳佛教格魯派在與薩滿信仰的鬥爭中走的不是相容之道，更多體現了取代原始信仰的趨勢，因此當格魯派取得絕對性的統治地位時，這個地方的許多原始苯教信仰被清除，佛教信仰一枝獨秀，從根本上壓制了許多苯教信仰所支持的葬式，所以人們可選擇的葬式更少。

　　具體到三地喪葬差異的問題，筆者認為可以將這些現象理解為藏傳佛教在傳入峽谷以後與當地原有的薩滿信仰發生交融的強度不同所致的差異性。一段時間以來，學術界在研究藏族的喪葬文化時只是籠統地提到受藏傳佛教的影響，而對藏傳佛教各個教派與原始宗教的融合程度之強弱以及這種強度對喪葬的影響如何很少提及。事實上，如果繼續對這種狀況視而不見或者視而不答，則無助於我們從根本上理解喪葬的本質。正是因為藏傳佛教各教派在傳入金沙江峽谷時所採取的方式、方法與手段不同，它們與當地的原始信仰發生的交融程度也

係的障礙，這實際上已說明當時這些軍事行動的真正目的並不是宗教信仰。」但是，自佛教傳入藏族地區以來，佛苯之爭，勢不兩立。為什麼推崇噶瑪噶舉派的藏巴汗與卻圖汗能夠和苯教聯合起來對抗格魯派呢？假如我們從歷史上看，噶舉派與苯教雙方在發展過程中早已經形成了「你中有我，我中有你」的格局。噶舉派主修密宗，是在吸收了寧瑪派教義的基礎上形成的，據說，噶舉派的創派主師米拉熱巴（1040-1123年）在學習佛教教義之前就曾受母親之命學習黑巫術，並使用黑巫術殺死了35人，除此以外，他還念「放雹法」咒術毀壞鄉里的莊稼。（詳見王森：《西藏佛教發展史略》，北京市：中國社會科學出版社1997年，頁110-111。）

24 參見雲南省中甸縣地方志編纂委員會編纂：《中甸縣志》（昆明市：雲南民族出版社，1997年），頁227。

不同，導致峽谷內產生的複合信仰也不同，致使表面上同是受藏傳佛教教義支配的同一葬式顯示了不同的死亡觀。

表 6-2 為形成三種喪葬文化模式的原因對比。

表 6-2　形成三種喪葬文化模式的原因對比

原因	巴塘	三岩	羊拉
生態地理環境	高原	山壩	河谷
社會整合基礎	地緣	血緣	文緣
社會整合狀態	機械團結	離散	有機團結
社會整合方式	統治	衝突	交換
佛教統治手段	「含括」	相容	排斥
最流行的葬式	天葬	混合葬	土火二次葬
與異文化互動	較少	無	頻繁

第七章
死亡、個體意識與社會結構

　　在本書的前六章中，筆者從歷時性與共時性兩方面入手，已經盡可能地對三個田野點的喪葬文化模式進行完整的描述，並從地理環境、社會結構與宗教信仰三方面分析了促成三個田野點喪葬文化模式差異的原因。

　　行文至此，本書似乎已經可以告一段落，但是這些畢竟是筆者根據田野調查資料所進行的描述，因而筆者仍覺得有必要從田野中走出來，跳出就幾個田野點就事論事的描述工作，而將這些發現置於更宏大的學術視野之中去審視，本章便是根據這一理念展開的。這樣做，一方面，可以藉此機會檢驗本人在金沙江峽谷的田野工作；另一方面，可以藉此機會與前輩學者展開學理的探討，提供某種啟發或者建議，其目的和意義在於進一步揭示人類學在不久的將來有可能對喪葬開展研究的新路徑。為了實現這一學術「野心」，筆者回到本書在導論中所提出的兩個問題，即金沙江峽谷喪葬文化的來源問題及其背後的邏輯意義。

一　傳播：金沙江峽谷喪葬文化的來源

　　處於橫斷山脈地區的金沙江峽谷是青藏高原向東南延伸的一條線，在歷史上是著名的民族走廊。自有人類記錄以來，民族遷徙、戰爭、通商等事件在此地頻繁上演，與這些事件相伴的是各式各樣的民族文化傳入峽谷，它們相互影響、彼此借鑒，並在此地沉澱下來，造

成了文化的堆積，而喪葬文化便是這些文化堆積的結果。

（一）傳播的路線

　　金沙江峽谷的喪葬文化有三大源頭，即來自西北的氐羌族系、來自北方草原的游牧民族以及來自其西面的吐蕃土著族系。因此，要想搞清楚金沙江峽谷的喪葬文化，就必須先搞清楚這三大族系在進入金沙江峽谷的時間裏所秉承的喪葬文化。基於文化傳播與民族遷徙的路線的關係，筆者在本研究中對此進行了嘗試：首先從考古資料與文獻資料出發，確定三大族系湧入金沙江峽谷的時間以及在這些時間段內各族系所秉承的喪葬文化，然後結合田野材料層層追蹤，勾勒出金沙江峽谷的喪葬文化模式。

　　讓我們來做一個形象的比喻：將這條峽谷比作一條狹長的水槽，那麼這條水槽大致有三個特點。其一，就整體而言，整條水槽北高南低，導致水自北往南流；其二，整條水槽大致分為三段，在水準寬度方面北面的埠比較寬，南端的開口比較狹窄，在深切度方面中端比兩端深許多；其三，整條水槽兩旁有許多大小不一的缺口，就像峽谷兩岸高山峻嶺之間有許多大小不一的埡口一樣。

　　在這樣一個水槽裏面，民族的遷徙有兩種走法──S 形行走與直線行走，兩種走法導致文化的傳播出現兩種不同的軌道。所謂 S 形的行走，即峽谷內的民族可以從那些叫不上名字的大大小小的雪峰埡口走出去，或者峽谷外的人群可能通過這些埡口走進去，其動力來自於峽谷外的推力與峽谷內的引力。峽谷外的推力主要是戰爭、饑荒、瘟疫及災害等，而峽谷內的引力便是峽谷內擁有比峽谷外更多更好的生存資源（如今天藏族聚居區的一些名貴藥材），因此貿易經商等是主要的引力。如果民族的遷徙呈現出 S 形的路線，則喪葬文化傳播會呈現出 S 形的路線，那麼我們在峽谷的某個田野點能看到的喪葬文化在

另一個田野點裏完全看不到也就不足為奇了。例如，在三岩發現的葬式如居室葬、岩洞葬以及多種複合葬，在其它田野點均未發現，這就是喪葬文化呈 S 形傳播的結果，這也充分說明了三岩地理是比較封閉的，沒有太多的缺口供居民沿 S 形的路線遷徙。

除了 S 形的文化傳播路徑以外，金沙江峽谷還有直線形的傳播路徑。而且，從金沙江的民族遷徙活動來看，許多民族都是在金沙江峽谷的入口——玉樹巴塘鄉進入峽谷以後，沿金沙江水流的方向而走。之所以出現這種走法，是因為河流具有指南針的功能，沿河流遷徙容易辨別方向，並且能夠很好地解決長途遷徙過程中人與牲畜飲水的問題。誠如考古學家張光直所言：「考古遺址總是沿河岸分佈，亦在於跨地區的聯繫常被清晰的沿河流的方向而探尋出。」[1]直線行走意味著喪葬文化為直線傳播，石棺葬與塔葬布滿金沙江峽谷無疑就是最好的證明。比起 S 形的傳播路線，直線形傳播路線更重要，它是峽谷文化傳播的主要手段。所以，我們說峽谷喪葬文化的同質性比差異性要大。

(二) 傳播過程中的變異

然而必須指出，注重喪葬文化傳播規律的同時，要注意文化在傳播過程中發生的變異。誠如筆者在本書的導論部分所敘述的那樣，喪葬作為一種文化，包括屍體處理、儀式以及死亡觀三個方面的內容。在喪葬文化傳播的過程中出現了葬具改變而觀念不變的現象，這經常與當地的自然環境相關。例如，三岩和羊拉的甕棺葬主要用於葬夭折的孩子；兩地存放屍體的位置都被人們視為「不乾淨」的地方；一段

1　張光直著，印群譯：《古代中國考古學》（瀋陽市：遼寧教育出版社，2002年），頁440。

時間以後，兩地都把屍體移出。但是，在三岩一些很少有陶甕的村落主要使用木箱子代替甕棺。這是因為甕棺葬曾經隨民族遷徙在峽谷內傳播，但是由於峽谷內各地的自然環境不同，當甕棺葬文化傳入三岩以後，半牧半農的自然環境決定了人們在繼承製陶技術方面沒有農業社會的羊拉人積極，所以三岩只能改變物質方面的葬具，把甕棺葬的精神內涵繼承下來。此類傳播在玉樹與三岩的甕棺葬比較中也可以得到佐證。由於三岩沒有很好地繼承製陶技術，因此當地對 80 歲以上老年人實行壁葬。事實上，三岩的壁葬與玉樹針對頭人的甕棺葬體現的內涵基本一致：兩地都將屍體放在家中比較神聖的地方，它們都體現了一種榮譽。

在傳播過程中還可以出現因葬式改變而隨之觀念改變的現象。巴塘鄉從火葬轉變為天葬就是一個例子。在金沙江峽谷的入口——川、青、藏交界區的玉樹巴塘鄉，當地人的記憶中就沒有火葬。筆者在巴塘進行田野調查期間，許多老百姓說，火葬只是有錢人家才使用的，他們的祖先從古到今實行的就是天葬。然而，我們翻閱巴塘鄉的歷史，卻發現在戰國時期，大量的羌人迫秦兵之威移居此地，有關羌人實行火葬的文獻資料數不勝數。那麼，這種現象如何解釋呢？結合當時的氣候條件來看，那個地方根本就沒有條件提供充足的木柴為這些遷徙的民族進行火葬。這裏，我們要跳出一個刻板的印象，即不能把火葬與羌人對應起來，因為筆者的田野調查工作已經表明，遷徙到巴塘鄉的那部分羌人並沒有實行火葬的條件，而這些游牧民族又無法攜帶一具屍體四處游牧，他們唯一能夠做的就是改變葬式，即實行野葬——難怪巴塘鄉的老百姓一直把天葬視為他們祖先的傳統葬式，其實道理很簡單，野葬與天葬存在一脈相承的關係。葬式的改變也會引發死亡觀的轉變。就遷徙到巴塘鄉的那部分羌人而言，最初的火葬是為了適應游牧的生活而攜帶骨灰行走，因為他們認為靈魂在骨頭裏

面。遷徙到高原以後，沒有了火葬的條件，在極其矛盾的情況下，高原上生存的大批狼狗、禿鷲出現了，為他們解決了攜屍的難題。很自然，這些動物就成為攜帶靈魂飛天的使者。

　　文化在傳播的過程中雖然會發生變異，但這些變異並非毫無規律可循，在一條比較封閉的峽谷中，導致文化發生變異的最大因素是生態環境的變化。事實上，金沙江峽谷的喪葬類型之多，一方面固然與遷徙到這裏的民族之多有關係；另一方面也不能忽視峽谷內多樣化的自然環境，因為任何一種文化絕不是憑空出現的，它與其周圍的地理環境息息相關。正是因為峽谷內有多樣化的自然環境，才使整條峽谷的喪葬類型各異。生態環境的變化影響到人們生計的變化，進而影響到作為上層建築的喪葬。總的來說，游牧民族在處理屍體方面大多以銷毀屍骨為主；農業民族大多實行保留屍骨的葬式；半牧半農的民族在這兩種屍體處理方式中搖擺，在同一時間葬式表現得更紛繁雜糅。但是，從金沙江峽谷的整個大環境來看，人們的生計模式是「從農業向牧業過渡，而不是從牧業向農業過渡」[2]。因此，那裏的人們在喪葬方式上採取的是銷毀屍骨而非保留屍骨，相信這一趨勢在今後將持續下去。

二　「中間場」：喪葬文化傳播過程的再創造

　　筆者雖然承認了金沙江峽谷喪葬文化是傳播的結果，但並沒有否認一些喪葬文化因素在傳播時會重新異構，生成新的喪葬文化。這就是我們在峽谷內能看到一些與這三大族系完全不一樣的喪葬文化的原因。事實上，峽谷內喪葬文化是在傳播的基礎上通過「中間場」的作

2　霍巍：〈論卡若遺址經濟文化類型的發展演變〉，《中國藏學》1993年第3期。

用發生了變異。這些文化「共同處在一個大江流域的地理環境內……必然會發生互相影響、碰撞和交融，甚至產生新的文化形態」[3]。換句話說，峽谷內的一些喪葬甚至可能是世界上獨一無二的。因此，即使我們清楚它的源頭，我們仍然無法用某個族系的某種葬式所體現的內涵和峽谷內相同的葬式進行一一對應。

例如，三地的水葬在這方面就體現了「中間場」的強大功能。從田野調查的結果來看，水葬在峽谷內的三個田野點皆有發現，但是每個田野點卻各有特色。其具體表現為：玉樹巴塘鄉的水葬主要用來葬夭折的孩子；在三岩，除了金沙江西岸的個別村落用水葬葬那些夭折的孩子外，其它鄉村的水葬都是用來葬那些意外死亡的人；羊拉的水葬有更多的靈活性，既可用來葬意外死亡的人，又可用於葬那些正常死亡的人，特別是那些無子嗣的死者。仔細比較這三地水葬的文化內涵可知，玉樹巴塘鄉有關水葬的「地方性知識」體現了對夭折的孩子的一種憐憫與關愛；而三岩卻視水葬為一種低等下賤的喪葬方式，它反映出水葬保留著極強的苯教色彩；羊拉的水葬體現的是銷毀屍骨的主張，具備更多的佛教色彩。相同的葬式在同是藏傳佛教信仰主導的地區竟完全不同，這便是文化在峽谷內發生變異結合新的元素重新生成的結果。這一點再次提醒我們，應該注重田野調查，將研究的主體放在田野而非書本之上。按這種思路走下去，筆者將回答學術界目前沒有回答的問題，即藏傳佛教不同的教派對藏族喪葬文化的影響究竟有何差異？對此問題的迴避或者統一概以「六道輪迴」觀來進行回應都不符合事實。

其實，從藏傳佛教的本義來說，幾個教派在死亡觀方面並無明顯的區別，即它們都信守生命的輪迴，更確切地說，是在佛教教義所謂

---

3 李紹明：〈金沙江文化簡論〉，《中華文化論壇》2002年第4期。

「六道」中進行輪迴。但是，我們深入金沙江峽谷發現，金沙江峽谷在藏傳佛教各教派進入之前盛行濃厚的苯教信仰，甚至在佛教進去以後一些地方還有儒學思想的滲透。這些信仰能夠存在於一個大系統中並非互不衝突，恰恰相反，它們正是通過衝突實現整合。這些衝突的價值觀彼此吸納，其結果就是以一種價值觀作為主導「含括」其它價值觀。[4] 例如，噶舉派對苯教基本上是採取一種「含括」的手段，我們發現巴塘鄉的藏族人在接受了「含括」苯教宇宙觀的藏傳佛教以後把死後的六道輪迴空間改為三道輪迴空間。寧瑪派力量單薄，組織渙散，無法與噶舉派相提並論，它更多的是借用苯教的教義與修持，無法從根本上「含括」苯教，以至於藏傳佛教其它教派在很長的一段時間內不認為寧瑪派屬於佛教，於是我們看到三岩人死後只有三善趣與可供生命復活的空間，而靈魂永遠不會掉入三惡趣。如此說來，其死後的空間也不再是六道輪迴了。格魯派的勢力非常強大，對苯教的基本態度是打壓，於是羊拉藏族人對佛教的六道輪迴觀理解得比其它兩個地方的藏族人透徹，但是這種六道輪迴又滲透了儒學的因素。換句話說，各教派根據自身的實力對苯教實行不同的策略，導致藏傳佛教本身的六道輪迴觀發生了許多變異，這種輪迴觀在結合「地方性知識」以後形成了不同的死亡觀，這便是藏傳佛教各教派對藏族喪葬文化造成的不同影響。

三　重生：金沙江峽谷喪葬文化的邏輯結構

自古以來死亡就是活著的人不得不思考的問題，總體而言，東方哲學強調死亡的社會性和倫理意義，而西方哲學則強調其個體性與不

4　參見夏建中：《文化人類學理論學派——文化研究的歷史》（北京市：中國人民大學出版社，1997年），頁148。

可替代性。[5]就人類學本身對死亡的研究來說，人類學堅持認為，死亡並不是生物學意義上的概念，它涉及一個社區的知識、法律、道德、習俗等諸多文化方面的龐大的綜合體。傳統上，人類學對死亡的研究有兩點值得今後的學者關注：一是注重死亡與生命的關係，二是注重死亡與組織的關係。在前者的研究傾向裏面，學者們普遍認為，死亡並不是一種偶然性事件，它與生命存在著一種取代或者轉換的關係。對於兩者之間的關係，人類學家列維・布留爾用了「互滲律」這個詞加以解釋。所謂「互滲」是建立在空間向度上的，即空間方位與「原始人」的思維在這一特定時刻力圖弄清的那種東西之間必定存在著某種神秘的關係。參見[6]而在後者的研究路徑當中，學者們普遍認為，死亡具有社會屬性，個體的死亡將會導致原本完整的社會結構失序，人們正是通過葬禮對這種混亂的狀態進行調節，使社會結構恢復原本的面貌。

（一）重生：死亡與個體意識的關係

有生必有死，這是一個常識性的問題。近年來，醫學界提出了所謂更標準、更科學的概念——「腦死亡」來判斷個體的生命之終結。所謂腦死亡，指的是「包括大腦、小腦、腦幹在內的全腦機能完全的、不可逆的停止，無論心跳、呼吸和脊髓機能是否存在，皆可認定個體生命終結，宣告個體死亡」[7]。在現代社會，西方科學技術已經深入到生活的方方面面，因此現代人對死亡的看法基本上都遵循著這些定義。在此基礎上，現代人對死亡的看法是單向性的，即認為死亡

5　參見段德智：《西方死亡哲學》（北京市：北京大學出版社，2006年），頁31。

6　〔法〕列維・布留爾著，丁由譯《原始思維》（北京市：商務印書館，1997年），頁276-277。

7　陳霆宇：〈腦死亡，當代醫學新的死亡概念〉，《山東醫科大學學報》1996年第3期。

是一個人人生旅途的終點，是一個人生命之終結。文學家魯迅就曾經說過：「我很確切知道一個終點，就是：墳。」[8]於是乎，人們對死亡產生了一種本能的恐懼心理，一個生命垂危的病人借助醫學手段去求安樂死便是對這種恐懼的本能反應。「宗教在傳統上非常關注死亡與喪葬，然而當科學對死亡的解釋取代了宗教的解釋以後，死亡成了『尷尬的，私人的心靈傷害』，在這期間，除了親屬以外，幾乎所有來自外人的撫慰都被看成對亡人親屬的侵擾。」[9]在實踐過程中，對於每個人來說，當親戚朋友死亡時便會脫口而出「節哀順變，人死不能復生」這種話語，因為對死亡的單向性理解使現代人認為那是對死者家屬的最好安慰。然而，這種單向的思維方式卻使他們對人為什麼要活著的意義之思考陷入了一種迷茫：既然每個人都知道自己會死亡，既然每個生命都有終點，最後都會煙消雲散，那麼人們為什麼還要活下來？尤其是對那些處於困境之中的人來說，活著還有什麼意義呢？習慣以西方科學技術為導向進行思考的現代人是無法回答這個問題的，而金沙江峽谷的田野調查則提供了現成的答案。

　　事實上，金沙江峽谷的藏族人並非不害怕死亡，他們與現代都市人一樣對死亡有一種本能的排斥。例如，在三個田野點中我們都可以發現人們對死者表示出相當的敬畏——即死者死亡以後，無論村裏的親戚還是朋友，他們在日後的談話中要絕對地避免提及死者的名字，村裏若有與死者名字相同的人，則要麼會改名，要麼別人會以其名字中的某個字對他進行指代。然而，人總是會死亡的，那麼在金沙江峽谷裏，害怕死亡的藏族人是如何「避免死亡、實現永生」的呢？答案在於藏族人對死亡的理解表現為一種雙向性的思維，即死亡等於再生。在青海玉樹巴塘鄉的天葬文化模式體系中，人們相信生命是永恆

8　《魯迅全集》（第一卷）（北京市：人民文學出版社，1981年），頁284。

9　B. Wilson. *Religion in Secular Society*. Penguin, 1969:93.

的，人死後將會很快獲得重生，而重生的空間是天上、地上或者地下。如果重生的生命再次死亡，很快地，他又重新回到這三重空間中生活。也就是說，無論何種情況，人的生命都不會消失，消失的只是軀體而已。在金沙江三岩的混合葬文化模式裏面，雖然人們可以在較大的範圍內解釋死亡，但是這個範圍同樣離不開生命的重生——個人死了以後他將在不遠的將來實現復活，或者在三善趣中得以再生。在雲南德欽的羊拉土火二次葬文化模式裏面，生命重生的概念仍然主導著人們對死亡的看法，藏傳佛教的六道輪迴觀保證了人們死後生命以新的形式出現在六道空間便是明證。

總而言之，金沙江峽谷的藏族人早已經跳出了「生」與「死」所構成的矛盾，他們把死亡與新生視為一對如白天與黑夜般的孿生姐妹。這裏的邏輯在於：既然一個人能從生存走向死亡，那麼為什麼不能從死亡再走向重生呢？因此，任何人只要來到這個世界上就不可能煙消雲散，人的生命是沒有盡頭的，因為每個生命都在反反覆覆地進行輪迴。這種死亡觀在很大程度上使害怕死亡的藏族人坦然面對死亡，甚至成為支撐他們在惡劣的環境中好好地生存下來的理由，即便在最困難的環境中也沒有必要採取極端的方式結束自己的性命，因為人不可能真正地「死」去。退一步來說，即使你以極端方式結束了自己的性命，但是你到了另一個世界不是照樣還要生活嗎？於是，這種以極端的方式去自殺的行為就顯得沒有必要了。因此，我們可以發現在三個田野點的喪葬文化模式結構當中，人們都是反對自殺的，因為在當地人看來，自殺是一種非正常的死亡。由於在當地人的信仰觀念中，死亡是另一種新生的開始，那麼非正常死亡也就意味著這個人以後非正常出生，於是，非正常死亡會使死者在另一個輪迴中過著非正常的生活。在金沙江的上游——青海玉樹的巴塘鄉，人們將會對那些以自殺方式結束自己生命的人實行土葬，意味著將其靈魂打入十八層

地獄，使他在下一個輪迴中無法重返人間，只能在暗無光日的地獄中度日——這便是非正常的生活。當然，非正常死亡不限於自殺一種，事實上，這個概念是與當地的社會文化緊密相連的，這種觀念的創造從根本上來說是人們試圖運用文化手段去控制死亡，從而引導人類生存與繁衍的體現。由於每個民族所處的地理環境、歷史人文環境都不同，所以在劃分正常死亡與意外死亡方面就有了差異。在美國，據說有 80%的學生認為被槍擊死是正常死亡，而被火燒死則是非正常死亡。這種觀念的產生是因為美國社會已經視槍擊為正常現象，它是美國社會對槍支管理鬆懈與將防火作為頭等大事的反映。由此，我們也可以理解金沙江峽谷的中端——三岩為什麼視那些因打架而死的死亡為正常現象了，其實這只是帕措文化崇武尚勇的反映。

希望死者永生的同時，生者也有強烈的永生的渴望。從這個意義上說，金沙江峽谷早期的喪葬現象中出現的那些對屍體種種安撫的做法其實並不是真正關心死者，而是生者認為那些死者會妒忌他們，會回來叫他們下去陪伴自己。為了防止這種現象，活人就會採取一系列措施。例如，用石棺對屍體進行密封，一方面是為死者安置一個舒心的休息之地，以免日曬雨淋；一方面是讓死者無法爬出來害自己。接受了輪迴觀以後的藏族人在處理屍體時也常常體現了讓自己實現永生的思想。在峽谷的出殯儀式中，每個人都會爭相抬棺材，因為每個人都在想，今天我處理別人的屍體，讓他實現好的輪迴，而明天有可能就是別人處理我的屍體，讓我得到好的輪迴。因此，我為死者服務也就等於別人為我服務了。當然，那些生辰八字被推算與死者相沖的人是不能碰屍體的，事實上也是這種觀念的體現，因為在當地的「地方性知識」裏面，生辰八字與死者相沖的人碰了屍體，就會讓死者的靈魂感到害怕和迷惘，得不到好的轉世，並且在不久的將來變成孤魂野鬼，而這個孤魂野鬼日後定會回來害他。

(二)重組：死亡與社會意識的關係

重生的觀念其實並不僅僅存在於當地藏族人的思想當中，它還深深地嵌入了當地的社會結構當中。換句話說，喪葬儀式裏體現的重生觀念並不僅僅是一種象徵，而是一種客觀存在。

就死亡導致的社會結構之變動而言，羅伯特・赫茲認為，只有那些在社會結構中扮演重要角色的人死亡才會引起社會的重視，「一個嬰兒死亡幾乎不會引起注意，也幾乎沒有任何葬禮……因為他在社會中並沒有承擔重要的角色和地位，他的死不會對社會結構造成任何影響，因此社會對他們的死亡漠不關心」[10]。這種論斷與金沙江峽谷的實際不符。在金沙江峽谷，我們看到的恰恰是人們對孩子的死亡太過於重視，以至於當地人專門針對孩子的死亡發展了那些富有鮮明地方特色的葬式。例如，在青海玉樹的天葬文化模式和三岩的複合葬文化模式當中，當地人對夭折的孩子實行一套專門的喪葬程序。似乎可以肯定的是，在金沙江峽谷，孩子在社會結構中扮演的角色是非常重要的，而這種重要性來源於社會意識之下的生命重生觀。在玉樹巴塘鄉，人們對夭折的孩子實行水葬；在三岩，人們對夭折的孩子實行樹葬。就玉樹巴塘鄉的水葬或水土葬來看，人們特意選擇那些兩條河的交匯處，即含有孕育生命之意。很明顯，這些象徵意義是人們對生命再生的渴望，因為水具備清洗的功能，流動的水有活力，能沖走一切污漬。與流動的水相反，靜止不動的水無論如何清澈，日久以後總會變得渾濁。當人類基於這種自然觀念而建立起來有關生命與死亡的思考時，往往會把生命、死亡和流動的水與靜止不動的水對應起來。同樣，三岩人實行樹葬也有這種思考，因為他們看到一棵樹在一年四季

---

10 Robert R. Hertz. "A contribution to the study of the collective representation of death." In *Death and the Right Hand*. Cohen West, 1960:76-84.

的輪迴中經歷了發芽、變綠、枯萎與落葉的過程，好比一個人在一生
中經歷過出生、成長、衰老和死亡的過程。

　　人們對生命的渴望與對人口再生產的追求息息相關，而人口的再
生產勢必與社會結構有密切的聯繫，首先受到原有社會結構的影響。

　　以巴塘鄉男性地位比女性地位高的情況來看，巴塘人將人口再生
產的任務集中於男性身上。周希武曾經描述道：「婦女過勞，則不任
生子，且因是女多男少，淫佚無度，則不適生子。」[11]此一觀念在當
地的一項求子儀式中也有清晰的表現。在巴塘鄉鐵力角牧委會東南方
向靠近通天河的地方有一座山，當地老百姓將之稱為「格日尼」，專
供那些結婚後沒有孩子的夫妻轉山求子。在轉山求子的過程中，夫妻
雙方必須嚴格遵守轉山的規矩：丈夫應騎馬空手走在前面，而妻子必
須步行並且手裏還要抱一塊石頭或者背一塊石頭跟在後面。據當地的
傳說，「格日尼」是一個俊俏的美男子，他在天上主管生育方面的事
務；「格日尼」非常樂見男人們搞男女關係，一個男人搞的男女關係
越多，他就越喜歡。很明顯，這種話語本身具有某種象徵的意義。在
中原的許多地區，求子的神靈一般都是女性的化身，比如求子觀音就
是典型的母親形象，這是因為婦女承載著生育的任務。但巴塘鄉明顯
不同，這裏的求子神靈竟然是俊俏的美男子，而且在傳說中鼓勵男的
多搞兩性關係，很明顯這些對生命追求的渴望是來源於社會意識的。
因為在巴塘鄉的地方性觀念中，人們普遍認為男性的地位比女性高。
三岩的情況與此類似。在三岩，人們對人口再生產的追求體現出更多
的主觀能動性，他們習慣使用巫術的力量。而且，這項活動要到山岩
鄉八學村以東 30 公里的一個山洞裏面舉行。那裏有個「賜子神山」，
山上有一水晶洞，山洞是子宮，石柱是陽物。不孕婦女經常到「賜子

---

11 周希武著，吳均校釋：《玉樹調查記》（西寧市：青海人民出版社，1986年），頁71。

神山」上親吻男石像……還有的石頭大小和真的陽物一樣大,女人們也會在上面坐一坐。[12]這種行動具有與神進行交配的意識在裏面,此意識則來源於三岩的社會組織。因為在一個資源匱乏的山區,人們為了獲取更好的生活資源,除了發揮主觀能動性之外別無他法。在羊拉,人們以儒家的孝道來區分生命重生的好與差。在當地的藏族人看來,一個人有無後代事關重大,因為後代的成長在某種意義上是自己死亡以後生命的重生,自己的後代盡心處理好自己的屍體也能夠保證死者與他本人的第二重生命順利實現輪迴。很明顯,這與土地分散的農業社會所形成的小農經濟生產方式是相適應的。

然而,重生的信念並不僅僅來源於社會意識,它反過來還會創造社會意識,使社會結構得以重組。

在玉樹巴塘鄉,親人為了死者的靈魂能夠在三善趣中得到重生,不惜將一生所有的積蓄都耗盡,他們大規模地向寺院、窮人、天葬師布施,無形中使財富在社會中實現重新分配。在這種情況下,以經濟實力劃分的社會階層就有可能發生重組,現實生活中一個原本富有的人也許因為這樣變得貧窮,而一個原本窮困潦倒的人也會因此過上豐衣足食的生活。在玉樹巴塘藏族人的觀念邏輯當中,布施是最高的功德,布施的目的主要是為了破除個人吝嗇與貪心,以免除來世的貧困。換言之,一個原本富有的人如果因為布施而貧困,且其社會地位發生改變並不可怕,因為現實的貧困可以換取來生的幸福,這正如自然界的能量守恆一般。因此,個體願意耗盡自己一生的積蓄去布施,正是為了創造自己在重生的社會結構中的地位。以筆者所見,金沙江峽谷的葬禮不單單是表現悲傷的場合,它同時為青年男女社交提供了

---

12 參見范河川:《父系原始文化的活化石:山岩戈巴》(成都市:四川大學出版社,2000年),頁44。

絕好的機會。峽谷內戶與戶、村落與村落之間溝壑縱橫，人們普遍過著日出而作日落而息的生活，平常很難有機會相識；而在葬禮中，一些青年男女發生感情，進而進行性行為，因此而懷孕的女性絕不墮胎，在某種意義上她為社會結構的重組提供了元素。必須指出的是，由個體生命的重生而引發的社會結構之重組並不意味著社會結構發生根本性的轉變。這一結論同樣適合於三岩的情況。在三岩的父系帕措社會結構當中，女性是被排除在外的。例如，A 帕措即使有女性嫁給了 B 帕措成員，也並不影響兩個帕措之間的打鬥，在這個過程中，沒有人會關注這名女性的地位；但是，如果這名女性為 B 帕措生了一個男孩，她同樣會教育這個男孩長大後向 A 帕措報仇，這時候這個女人所扮演的角色就有了明顯的轉變，但這只是個人在社會結構中的位置變化而已，對三岩整體的社會結構來說並無影響。

　　在對民族志寫作的看法上，筆者贊同美國著名人類學家格爾茨對民族志所下的定義。他指出：「民族志……規定它的是它所屬於的那種知識性努力：經過精心策劃的對『深描』的追尋。」[13] 在格爾茨看來，這種「深描」的追尋，目的便是理解「地方性知識」。而筆者在金沙江峽谷的工作正是努力地踐行著這項定義。在田野當中，除了通過參與、觀察、訪談等工作收集資料以外，更重要的是站在當地人的角度上看待問題，深入他們的思想中理解那些隱藏在屍體處理背後的文化邏輯或者意義結構——那便是對金沙江峽谷的喪葬文化進行模式的建構。誠然，這種模式的建構不可能通過實驗來考察，更不可能通過量化、數位、強度或者頻率來測量，因為在人類學看來，我們尋求社會問題的答案就是強調社會的經驗是如何被其中的人群創造並賦予

---

13 〔美〕柯利弗德‧格爾茨著，韓莉譯：《文化的解釋》（上海市：譯林出版社，1999年），頁6。

意義的。金沙江峽谷的上段、中段與下段的喪葬文化模式雖然不同，但是我們不難理解這些喪葬模式有著相同的意義結構。換言之，三個田野點的老百姓實行著不同的喪葬，但是支撐他們選擇各種葬式的是基本相同的文化邏輯，這種文化邏輯就是當地人的觀念體系中關於死亡與重生的轉換邏輯，這個邏輯是借助靈魂這一中介實現的。因此，個體生命的死亡所導致的個體意識之重生與社會結構之重組便是所有金沙江峽谷喪葬文化模式背後的意義。

參考文獻

一　學術著作

〔後晉〕劉昫：《舊唐書》（北京：中華書局，1975年）

〔唐〕玄奘、辨機著，季羨林，校注：《大唐西域記》（北京市：中華書局，1985年）

〔唐〕道宣著，范祥雍校：《大正藏》（上海市：上海古籍出版社，1978年）

〔唐〕樊綽著，趙呂甫校譯：《雲南志校釋》（北京市：中國社會科學出版社，1985年）

〔唐〕李延壽：北史（北京市：中華書局，1974年）

〔梁〕釋慧皎著，湯用彤校：《高僧傳》（北京市：中華書局，1992年）

〔北宋〕樂史：《太平寰宇記》（北京市：文海出版社，1979年）

〔北宋〕歐陽修、宋祁：《新唐書》（北京市：中華書局，1985年）

〔北宋〕王欽若等：《冊府元龜》（鄭州市：中州書畫社，1985年）

〔南朝・宋〕范曄：後漢書（北京市：中華書局，1986年）

〔清〕清實錄（北京市：中華書局，1985年）

辭海：中冊（上海市：上海辭書出版社，1979年）

《迪慶藏族自治州概況》編寫組：《迪慶藏族自治州概況》（昆明市：雲南民族出版社，1983年）

迪慶藏族自治州民族宗教事務委員會：《迪慶藏族自治州宗教志》（北京市：中國藏學出版社，1994年）

方國瑜：《雲南史料叢刊：第五卷》（昆明市：雲南大學出版社，1998）

方國瑜：《雲南史料目錄概說》（北京市：中華書局，1984年）

格勒：《甘孜藏族自治州史話》（成都市：四川民族出版社，1984）

西藏自治區芒康縣地方志編纂委員會：芒康縣志（成都市：巴蜀書
　　　社，2008年）

四川省巴塘縣志編纂委員會：《巴塘縣志》（成都市：四川民族出版
　　　社，1993年）

四川省得榮縣志編纂委員會：《得榮縣志》（成都市：四川人民出版
　　　社，1995年）

石渠縣志編纂委員會：《石渠縣志》（成都市：四川人民出版社，1996
　　　年）

四川省民族研究所《清末川滇邊務檔案史料》編輯組：《清末川滇邊
　　　務檔案史料》（北京市：中華書局，1989年）

《羌族詞典》編委會：《羌族詞典》（成都市：巴蜀書社，2004年）

青海省地方物志編纂委員會：《青海省志（六十九）文物志》（西寧
　　　市：青海人民出版社，2001年）

青海省編寫組、《中國少數民族社會歷史調查資料叢刊》修訂編輯委
　　　員會：《青海省少數民族社會歷史調查資料彙編》（西寧市：
　　　青海人民出版社，2005年）

《玉樹藏族自治州概況》：《編寫組玉樹藏族自治州概況》（北京市：
　　　民族出版社，2008年）

青海省編寫組、《中國少數民族社會歷史調查資料叢刊》修訂編輯委
　　　員會：《青海省藏族蒙古族社會歷史調查》（北京市：民族出
　　　版社，1985年）

西藏江達縣志編纂委員會：《江達縣志》（拉薩市：拉薩出版社，1996
　　　年）

《西藏研究》編輯部：《清實錄藏族史料（著作前引）》（拉薩市：西藏人民出版社，1983）

西藏自治區貢覺縣地方志編纂委員會：《貢覺縣志》（成都市：巴蜀書社，2010年）

雲南省編輯組：《雲南民族民俗和宗教調查》（昆明市：雲南民族出版社，1985年）

德欽縣志編纂委員會：《德欽縣志》（昆明市：雲南民族出版社，1997年）

雲南省地方志編纂委員會：《雲南省志‧文物志》（昆明市：雲南人民出版社，2004）

雲南省編輯組：《雲南少數民族社會歷史調查資料彙編》（北京市：民族出版社，2005）

雲南省中甸縣地方志編纂委員會：《中甸縣志》（昆明市：雲南民族出版社，1997年）

雲五社會科學大辭典（第十冊）：《人類學卷》（臺北市：臺灣商務印書館，1971年）

中國科學院青藏高原綜合科學考察隊：《西藏河流與湖泊》（北京：科學出版社，1984年）

〔奧〕勒內‧德‧貝內斯基‧沃傑科維茨著，謝繼勝譯：《西藏的神靈和鬼怪》（拉薩市：西藏人民出版社，1993年）

〔德〕恩斯特‧凱西爾著，甘陽譯：《人論》（上海市：上海譯文出版社，1985年）

〔德〕利普斯著，李敏譯：《事物的起源》（西安市：陝西師範大學出版社，2008年）

〔法〕列維‧布留爾著，丁由譯：《原始思維》（北京市：商務印書館，1997年）

〔法〕愛彌爾・涂爾幹著，渠東、汲喆譯：《宗教生活的基本形式》
　　　（上海市：上海人民出版社，1999年）

〔法〕費爾南・布羅代爾著，唐家龍、曾培耿等譯：《菲力浦二世時代
　　　的地中海和地中海世界》（北京市：商務印書館，1996年）

〔法〕拉法格著，王子野譯：《思想起源論》（北京市：生活・讀書・
　　　新知三聯書店，1978年）

〔法〕路易・杜蒙著，王志明譯：《階序人：卡斯特體系及其衍生現
　　　象》（臺北市：遠流出版事業股份有限公司，1992年）

〔法〕石泰安：〈敦煌吐蕃文書中有關苯教儀軌的故事〉，《國外藏學
　　　研究譯文集:第四輯》（拉薩市：西藏人民出版社，1998年）

〔法〕石泰安著，耿昇譯：《西藏的文明》（北京市：中國藏學出版
　　　社，2005年）

〔美〕C.恩伯、M.恩伯著，杜杉杉譯：《文化的變異——現代文化人
　　　類學通論》（瀋陽市：遼寧人民出版社，1988年）

〔美〕柯利弗德・格爾茨著，韓莉譯：《文化的解釋》（南京市：譯林
　　　出版社，1999年）

〔美〕湯瑪斯・C.派特森著，何國強譯：《馬克思的幽靈——和考古
　　　學家會話》（北京市：社會科學文獻出版社，2011年）

〔美〕張光直著，印群譯：《古代中國考古學》（瀋陽市：遼寧教育出
　　　版社，2002年）

〔挪威〕帕・克瓦爾耐著，褚俊傑譯：〈西藏苯教徒的喪葬儀式〉，
　　　《國外藏學研究譯文集：第五集》（拉薩市：西藏人民出版
　　　社，1989年）

〔意〕杜齊、〔西德〕海西希著，耿昇譯：《西藏和蒙古的宗教》（天
　　　津市：天津古籍出版社，1989年）

〔英〕A.R.拉德克利夫・布朗著，潘蛟、王賢海、劉文遠、等譯：

《原始社會的結構和功能》（北京市：中央民族大學出版社，1999年）

〔英〕馬林諾夫斯基著，李安宅譯：《巫術科學宗教與神話》（北京市：中國民間文藝出版社，1986年）

〔英〕馬淩諾斯基著，梁永佳、李紹明譯：《西太平洋的航海者》（北京市：華夏出版社，2002年）

〔英〕維克多・特納著，黃劍波、柳博斌譯：《儀式過程：結構與反結構》（北京市：中國人民大學出版社，2006年）

〔英〕查理斯・柏爾著，董之學、傅勤家譯：《西藏志》（北京市：商務印書館，1940年）

〔英〕麥克唐納著，孫梅生等譯：《旅藏二十年》（北京市：商務印書館，1936年）

〔英〕撒母耳・特納：《西藏紮什倫布寺訪問記》（拉薩市：西藏人民出版社，2004年）

〔英〕泰勒著，蔡江濃譯：《原始文化》（杭州市：浙江人民出版社，1988年）

〔英〕詹姆斯・C.斯科特著，程立顯、劉建等譯：《農民的道義經濟學：東南亞的反叛與生存》（南京市：譯林出版社，2001年）

〔英〕詹姆斯・希爾頓著，胡蕊、張穎譯：《消失的地平線》（昆明市：雲南人民出版社，2006年）

阿旺欽饒著，魯絨格丁譯：《木裏政教史》（成都市：四川人民出版社，1993年）

才讓：《藏族民俗彙編》（蘭州市：甘肅民族出版社，1998年）

才讓：《藏傳佛教民俗與信仰》（北京市：民族出版社，1999年）

才讓太：《苯教研究論文選集：第一輯》（北京市：中國藏學出版社，2011年）

蔡志純：《活佛轉世》（北京市：中國社會科學出版社，1992年）

查同結布著，申新泰、文國根等譯：《瑪爾巴譯師傳張天鎖》（拉薩
　　　　市：西藏人民出版社，1989年）

常青霞：〈論西藏本教的類屬〉，《藏族史論文集》（成都市：四川民族
　　　　出版社，1988年）

曹學佺：〈蜀中廣記・邊防記〉，《景印文淵閣四庫全書：第591 冊》
　　　　（臺北市：臺灣商務印書館，1983年）

赤列曲棼：《西藏風土志》（拉薩市：西藏人民出版社，1982年）

陳立明、曹曉燕：《西藏民俗文化》（北京市：中國藏學出版社，2003
　　　　年）

陳踐、王堯譯注：《敦煌本吐蕃歷史文書》（北京市：民族出版社，
　　　　1992年）

陳英慶：〈西夏與藏族的歷史、文化、宗教關係試探〉，《藏學研究論
　　　　叢：5》（拉薩市：西藏人民出版社，1993年）

陳英慶、高淑芬：《西藏通史》（鄭州市：中州古籍出版社，2002年）

陳英慶：《中國藏族部落》（北京市：中國藏學出版社，2004年）

達倉宗巴・班覺桑布著，陳英慶，譯：《漢藏史集》（拉薩市：西藏人
　　　　民出版社，1986年）

第五世達賴喇嘛著，劉立千，譯：《西藏王臣記》（北京市：民族出版
　　　　社，1982年）

第吾賢者：《第吾宗教源流》（拉薩市：西藏古籍出版社，1987年）

丹珠昂奔、周潤年：《藏族大辭典》（蘭州市：甘肅人民出版社，2003
　　　　年）

丹珠昂奔：《藏族神靈論》（北京市：中國社會科學出版社，1990年）

丹珠昂奔：《族文化發展史》（蘭州市：甘肅教育出版社，2001年）

東嘎・洛桑赤列著，郭冠忠、王玉平譯：《論西藏政教合一制度》（拉
　　　　薩市：西藏人民出版社，2008年）

段德智：《西方死亡哲學》（北京市：北京大學出版社，2006年）

範河川：《父系原始文化的活化石：山岩戈巴》（成都市：四川大學出版社，2000年）

費孝通：〈人的研究在中國〉，《費孝通文集：12卷》（北京市：群言出版社，1990年）

費孝通、張之毅：《雲南三村》（北京市：社會科學出版社，2006年）

馮智：《慈悲與紀念 —— 雪域喪葬面面觀》（西寧市：青海人民出版社，1998年）

格桑群覺：〈趙爾豐對川邊的統治及措施〉，《四川省文史資料選輯：第2輯》（成都市：四川省志編委會，1979年）

郭淑雲：《原始活態文化 —— 薩滿教透視》（上海市：上海人民出版社，2001年）

和寶林：《東巴文化論》（昆明市：雲南人民出版社，1985年）

何國強：《圍屋裏的宗族社會 —— 廣東客家族群生計模式研究》（南寧市：廣西民族出版社，2002年）

和湛：《麗江文化薈萃》（北京市：宗教文化出版社，2000年）

和志武：〈藏文化對納西文化的影響〉，《藏族學術討論會論文集》（拉薩市：西藏人民出版社，1984年）

霍巍：《西藏古代墓制度史》（成都市：四川人民出版社，1995年）

廓諾‧迅魯伯著，郭和卿，譯：《青史》（拉薩市：西藏人民出版社，1985年）

賴建誠：《布羅代爾的史學思想解析》（杭州市：浙江大學出版社，2004年）

李連、霍巍：《世界考古學概論》（南京市：江蘇教育出版社，1990年）

李茂春：《新編迪慶風物志》（昆明市：雲南出版社，1999年）

李紹明：〈「藏彝走廊」研究與民族走廊學說〉，石碩：《藏學學刊：第2輯》（成都市：四川人民出版社，2005年）

李遠:〈青唐錄〉,《古西行記選注》(銀川市:寧夏人民出版社,1987
　　　年)

李曾伯:〈可齋雜稿・帥廣條陳五事奏〉,《景印文淵閣四庫全書:第
　　　1197 冊》(臺北市:臺灣商務印書館,1983年)

蓮花生著,徐進夫譯:《西藏度亡經》(拉薩市:西藏人民出版社,
　　　1998年)

林冠群:《唐代吐蕃史論集》(北京市:中國藏學出版社,2006年)

林耀華:《民族學通論》(北京市:中央民族大學出版社,1997年)

淩純聲:《松花江下游的赫哲族》(上海市:上海文藝出版社,1990年)

劉曼卿:《國民政府女密使赴藏紀實——原名《康藏輶徵》》(北京
　　　市:民族出版社,1998年)

羅開玉:《喪葬與中國文化》(海口市:三環出版社,1990年)

羅志平、白翠琴:〈試論衛拉特法典〉,盧明輝等:《蒙古史研究論文
　　　集》(北京市:中國社會科學出版社,1984年)

馬長壽:《氐與羌》(上海市:上海人民出版社,1984年)

毛祐全、李斯博:《哈尼族》(北京市:民族出版社,1989)

尕藏才旦、格桑本:《天葬——藏族喪葬文化》(蘭州市:甘肅民族出
　　　版社,2000年)

裴文中:《舊石器時代之藝術》(北京市:商務印書館,2000年)

蒲文成:《青海佛教史》(西寧市:青海人民出版社,2001年)

任乃強:《羌族源流探索》(重慶市:重慶出版社,1984年)

任乃強:《四川上古史新探》(成都市:四川人民出版社,1986年)

石碩:《吐蕃政教關係史》(成都市:四川人民出版社,2000年)

石碩:《西藏文明東向發展史》(成都市:四川人民出版社,1994年)

蘇玉熙:《中國喪葬文化》(北京市:中國文史出版社,2006年)

童恩正:《南方文明》(重慶市:重慶出版社,1998年)

土觀・羅桑卻吉尼瑪著，劉立千譯：《土觀宗派源流》（拉薩市：西藏
　　　人民出版社，1984年）

土觀・洛桑卻吉尼瑪著，陳慶英、馬連龍譯：《章嘉國師若必多吉傳》
　　　（北京市：民族出版社，1988年）

王川：《西藏昌都近代社會研究》（成都市：四川人民出版社，2006年）

王恒傑：《迪慶藏族社會史》（北京市：中國藏學出版社，1995年）

王明柯：《羌在漢藏之間──川西羌族的歷史人類學研究》（北京市：
　　　中華書局，2008年）

王銘銘：《中間圈：「藏彝走廊」與人類學的再構思》（北京市：社會
　　　科學文獻出版社，2008年）

王森：《西藏佛教發展史略》（北京市：中國社會科學出版社，1997年）

王菘著，劉景毛校，李春龍審定：《道光雲南志鈔》（昆明市：雲南社
　　　會科學院文獻研究室，1995年）

王文光、薛群慧、田婉婷：《雲南的民族與民族文化》（昆明市：雲南
　　　教育出版社，2000年）

王沂暖：《格薩爾王傳：世界公桑之部》（蘭州市：甘肅人民出版社，
　　　1983年）

魏強：《藏族宗教與文化》（北京市：中央民族大學出版社，2002年）

烏丙安：《神秘的薩滿世界》（上海：上海三聯書店，1989年）

夏建中：《文化人類學理論學派──文化研究的歷史》（北京市：中國
　　　人民大學出版社，1997年）

許功明：〈排灣族古樓村喪葬制度之變遷：兼論人的觀念〉，黃應貴：
　　　《人觀、意義與社會》（臺北市：「中央研究院」民族學研究
　　　所，1993年）

徐嘉瑞：《大理古代文化史》（昆明市：雲南人民出版社，2005年）

徐仁：〈珠穆朗瑪峰地區第四紀古植物學的研究〉，《珠穆朗瑪峰地區

科學考察報告：第四紀地質》（北京市：科學出版社，1976
年）

姚偉鈞：《喪葬習俗》（武漢市：湖北教育出版社，2001年）

嚴汝嫻、陳久金：《普米族》（北京市：民族出版社，1986年）

嚴汝嫻、劉寧：《中國少數民族婚喪習俗》（北京市：商務印書館，
1996年）

楊福泉：《納西族文化史論》（昆明市：雲南大學出版社，2006年）

楊福泉：《納西族與藏族歷史關係研究》（北京市：民族出版社，2005
年）

楊明：〈四川藏族地區的本波教〉，《藏學研究論叢：第二輯》（拉薩
市：西藏人民出版社，1990年）

於希賢、沙露茵：《雲南古代遊記選》（昆明市：雲南人民出版社，
1988年）

張雲：《唐代吐蕃史與西北民族史研究》（北京市：中國藏學出版社，
2002）

鄭傳寅、張建：《中國民俗詞典》（武漢市：湖北辭書出版社，1985
年）

鄭作新：《中國經濟動物志──鳥類》（北京市：科學出版社，1933
年）

周蘇平：《中國古代喪葬習俗》（西安市：陝西人民出版社，1990年）

周偉洲：《唐代吐蕃與近代西藏史論稿》（北京市：中國藏學出版社，
2006年）

周希武著，吳均校釋：《玉樹調查記》（西寧市：青海人民出版社，
1986年）

李家平：〈昌都「鍋莊」淺析〉《西藏民族民間音樂舞蹈文集》（拉薩
市：西藏自治區民族藝術研究所，2004年）

二　學術論文

邊鐸：〈青海玉樹與西藏〉，《開發西北》1934年第4期

方范九：〈青海玉樹二十五族分區調查〉，《新青海》1933年第3期

方范九：〈青海玉樹二十五族之過去與現在〉，《新亞細亞》1935年第1期

和永惠：〈雲南西北之康族〉，《西南邊疆》1940年第8期

黃舉安：〈玉樹二十五族巡禮記〉，《蒙藏月報》1940年第12期

俊逸：〈玉樹二十五族略〉，《西北世紀》1949年第1期

李得賢：〈青海風俗雜記〉，《文史雜誌》1941年第10期

李式金：〈玉樹民俗〉，《西北學術》1943年第12期

李式金：〈雲南阿墩子——一個漢藏貿易要地〉，《東方雜誌》1944年第16期

黎小蘇：〈青海之經濟概況〉，《新亞細亞》1934年第2期

倪雲傑：〈玉樹二十五族之現狀〉，《邊疆通訊》1943年第3期

倪鍇：〈玉樹二十五族〉，《邊疆通訊》1943年第3期

潘榮中：〈玉樹概況〉，《蒙藏月報》1938年第36期

潘榮中：〈玉樹概況〉，《蒙藏月報》1939年第13期

吳均：〈玉樹區藏族部落之變遷〉，《西北世紀》1949年第67期

文鬱：〈玉樹風土紀略〉，《海澤》1934年第2期

羊澤：〈三岩概況〉，《康導月刊》1939年第1期

佚名：〈青海玉樹二十五族與環海八族〉，《蒙藏月報》1934年第4期

佚名：〈青藏川邊境番民之狀況〉，《西北研究》1931年第3期

佚名：〈青海各縣番族之調查〉，《新青海》1934年第10期

佚名：〈青海玉樹之風尚〉，《新青海》，第2卷第9期

張文群：〈玉樹絜武家跑馬會〉，《邊疆通訊》1948年第1011期

阿旺：〈阿壩藏區缽佛二教考略〉，《西藏民族學院學報》1983年第4期

巴臥・祖拉陳哇著，黃穎譯：〈《賢者喜宴》摘譯〉，《西藏民族學院學報》1980年第4期

邊巴次仁：〈淺談藏族喪葬文化〉，《西藏研究》2010年第6期

邊巴瓊達：〈淺析西藏天葬習俗的成因及文化含義〉，《西藏研究》2005年第1期

陳華文：〈關注人類的最終歸處──以20年來喪葬文化研究著作為例〉，《民俗研究》2004年第1期

陳霆宇：〈腦死亡，當代醫學新的死亡概念〉，《山東醫科大學學報》1996年第3期

陳星燦：〈史前居室葬俗的研究〉，《華夏考古》1989年第2期

陳衛東：〈2005年度康巴地區考古調查報告〉，《四川文物》2005年第6期

陳豔萍：〈雲南少數民族死亡觀的起源〉，《雲南民族大學學報》2008年第1期

陳宗祥：〈川西少數民族喪葬制度　試探〉，《西南師範學院學報》1985年第1期

郭周虎：〈西藏貢覺縣發現的石板墓〉，《文博》1992年第6期

費孝通：〈關於我國民族識別問題〉，《中國社會科學》1980年第1期

費孝通：〈談深入開展民族調查問題〉，《中南民族學院學報》1982年第3期

馮學紅、東・華爾丹：〈藏族苯教文化中的岡底斯神山解讀〉，《中國邊疆史地研究》2008年第4期

馮智：〈明至清初雲南藏區的政教關係及其特點〉，《中國藏學》1993年第4期

馮智：〈東巴教與滇西北苯教流行史蹟試探〉，《中國藏學》2008年第3期

格勒：〈論古代羌人與藏族的歷史淵源關係〉，《中山大學學報》1985
年第2期

格勒：〈藏族本教的巫師及其巫術活動〉，《中山大學學報》1984年第
2期

華銳‧東智：〈華銳藏區的喪葬習俗淺論〉，《中國藏學》2008年第2期

黃盛璋：〈清代西北省界及其引起的黃河流經四川問題〉，《四川大學
學報》1957年第1期

霍夫曼著，李翼誠譯：〈西藏的本教〉，《西藏研究》，1986年第3期

霍巍：〈西藏高原史前時期墓葬的考古發現與研究〉，《中國藏學》，
1994年第4期

焦治平、陳昌文：〈論地理和宗教在藏族喪葬風俗中的作用〉，《西藏
研究》，2003年第3期

何國強、岳小國、楊曉芹等：〈三岩藏族體質特徵研究〉，《人類學學
報》，2009年第4期

堅贊才旦：〈再論三岩藏族的居室葬〉，《中國農業大學學報》，2010年
第4期

江道元：〈西藏卡若文化的居住建築初探〉，《西藏研究》1982年第3期

雷中慶：〈史前葬俗的特徵與靈魂信仰的演變〉，《世界宗教研究》
1982年第3期

李普：〈用古地磁方法對元謀人化石年代的初步研究〉，《中國科學》
1976年第6期

李紹明：〈金沙江文化簡論〉，《中華文化論壇》2002年第4期

李紹明：〈藏彝走廊研究中的幾個問題〉，《中華文化論壇》2005年第
4期

李宗放：〈明代四川蒙古族歷史和演變略論〉，《西南民族大學學報》
2004年第4期

李志農：〈文化邊緣視野下的雲南藏族喪葬習俗解讀——以德欽縣奔
　　　　子欄村為例〉，《雲南社會科學》2009年第5期

劉國祥：〈興隆窪文化居室葬俗再認識〉，《華夏考古》2003年第1期

洛桑紮西：〈藏族曾普遍實行過火葬〉，《西藏研究》1997年第2期

歐熙文：〈古藏王墓——兼談西藏的喪葬制度〉，《西藏歷史研究》
　　　　1978年第4期

任樹民：〈吐蕃軍事力量概述〉，《西藏研究》1990年第3期

仁真洛色：〈甘孜藏區喪葬習俗的地方性與民族性〉，《中國藏學》
　　　　1990年第1期

仁真洛色：〈甘孜藏區喪葬漫談〉，《康定民族師範高等專科學校學
　　　　報》1990年第1期

石碩：〈附國與吐蕃〉，《中國藏學》2003年第3期

石碩：〈藏彝走廊的歷史文化特點〉，《西南民族大學學報》2007年第
　　　　1期

石碩：〈藏彝走廊地區石棺葬所屬人群探討〉，《康定民族師範高等專
　　　　科學校學報》2005年第1期

孫林：〈西藏傳說時代的「絕地天通」事件與苯教的制度化〉，《西藏
　　　　民族學院學報》2007年第6期

宋兆麟：〈雲南永寧納西族的葬俗——兼談對仰紹文化葬俗的看法〉，
　　　　《考古》1964年第4期

湯惠生：〈藏族天葬和斷身儀軌源流考〉，《中國藏學》2001年第1期

童恩正：〈近年來中國西南民族地區戰國秦漢時代的考古發現及其研
　　　　究〉，《考古學報》1980年第4期

童恩正：〈西藏考古綜述〉，《文物》1985年第3期

童恩正、冷建：〈西藏昌都卡若新石器時代遺址的發掘及其相關問
　　　　題〉，《民族研究》1983年第1期

王建新：〈宗教文化類型——中國民族學・人類學理論新探〉，《青海民族研究》2007年第4期

汪寧生：〈仰韶文化葬俗和社會組織的研究〉，《文物》1987年第4期

王堯：〈喇嘛教對藏族文化的影響〉，《青海民族學院學報：社會科學版》1979年第 Z1版

韋韌：〈喪葬習俗的地理學研究：以西藏天葬為例〉，《人文地理》2006年第6期

吳祥定、林振耀：〈歷史時期青藏高原氣候變化特徵的初步分析〉，《氣象學報》1981年第1期

許韶明：〈論三岩的樹葬〉，《西藏研究》2008年第1期

席忠祥：〈火葬溯源〉，《民俗研究》1988年第3期

夏格旺堆、白倫・占堆：〈「雍仲」符號文化現象散論〉，《西藏研究》2002年第6期

夏之乾：〈從樹葬看樹居〉，《民族研究》1983年第4期

夏之乾：〈風葬略說〉，《內蒙古社會科學》1982年第4期

謝繼勝：〈藏族薩滿教的三界宇宙結構與靈魂觀念的發展〉，《中國藏學》1988年第4期

星全成：〈民主改革前藏族喪葬制度〉，《青海民族學院學報：社會科學版》1997年第1期

熊坤新、陶曉輝：〈天葬起源之探索〉，《西藏研究》1988年第3期

熊文彬：〈白居寺壁畫風格的淵源與形成〉，《中國藏學》1995年第1期

許宏：〈略論我國史前時期甕棺葬〉，《考古》1989年第4期

楊虎、劉國祥：〈興隆窪文化居室葬俗及相關問題探討〉，《考古》1997年第1期

楊效平：〈天葬新議〉，《青海社會科學》1980年第1期

葉遠飆：〈川滇藏峽地的樹葬比較研究——以奔子欄和三岩為例〉，《中國藏學》2013年第1期

葉遠飄：〈經濟文化類型視野下的藏區土葬習俗解讀──以雲南省德
　　　欽縣羊拉鄉的土葬為例〉，《雲南社會科學》2013年第1期

嶽小國：〈從喪葬習俗看藏族地方社會的歷史及文化──以四川甘孜
　　　藏族自治州山岩樹葬為例〉，《北方民族大學學報》2009年第
　　　3期

張窗：〈西藏喪葬風俗的演變及其原因〉，《西藏研究》1986年第2期

張錯生：〈我國古代氏族社會二次葬〉，《中原文物》1999年第1期

張泉：〈康定：亂世迷城〉，《錦繡》2010年第12期

趙心愚：〈和碩特部南征康區及其對川滇邊藏區的影響〉，《雲南民族
　　　學院學報》2002年第3期

趙心愚：〈吐蕃入滇與滇藏交通的發展〉，《西藏研究》2006年第2期

朱建中：〈蘇毗諸部淺析〉，《民族研究》1996年第4期

褚俊傑：〈論苯教喪葬儀軌的佛教化──敦煌古藏文寫卷 P.T.239解
　　　讀〉，《中國藏學》1990年第1期

褚俊傑：〈吐蕃本教喪葬儀軌研究──敦煌古藏文寫卷 P.T.1042解
　　　讀〉，《中國藏學》1989年第3期

褚俊傑：〈吐蕃本教喪葬儀軌研究（續）──敦煌古藏文寫卷
　　　P.T.1042解讀〉，《中國藏學》1989年第4期

洲塔：〈論天葬產生的思想淵源及對藏族社會的影響〉，《青海民族學
　　　院學報》2009年第3期

三　報紙、互聯網資料

〈德欽縣境內發現石棺墓〉，《迪慶日報》，2011年12月27日，第2版

〈深度揭秘：雲南遭遇百年一遇乾旱的幕後「元兇」〉，《生活新報》，
　　　2010月3月22日，第8版

〈「兄弟山」：聯結千年兄弟情〉，《迪慶日報》，2010年8月07日，第2版

〈羊拉兄弟〉，《迪慶日報》，2010年8月7日，第2版

朵藏加，德吉卓瑪　藏族天葬起源窺探　西藏網

http://baike.baidu.com/view/24233.htm

http://baike.baidu.com/view/24233.htm

http://baike.baidu.com/view/640574.htm

四　學位論文

陳東：《西南民族中的「送魂」習俗研究》（成都市：四川大學歷史系，2005年）

陳洲：《金沙江畔三岩的糾紛解決機制研究——社會控制規範化的一個視角》（廣州市：中山大學法學院，2008年）

李海波：《死亡學視野中的中國佛教死亡觀研究》（西安市：西北大學哲學系，2005年）

蘇雄娟：《唐朝與吐蕃和親研究》（昆明市：雲南大學歷史系，2001年）

王天玉：《論多偶制度下藏族婦女的角色與地位：以滇西北德欽縣的尼村為例》（廣州市：中山大學社會學與人類學學院，2012年）

趙心愚：《納西族與藏族歷史關係研究》（成都市：四川大學歷史系，2003年）

五　英文文獻

Weiner Annette B. Wowen of value, men of renown: new perspectives in Trobriand exchange. Texas: University of Texas Press, 1989.

Barber Paul. Vampires, burial, and death: folklore and reality. New Haven: Yale University Press, 1988.

Lomnitz-Adler Claudio. Death and the idea of Mexico. New York: Zone Books, 2005.

Harrison J. Themis. Cambridge: Cambridge University Press, 1912.

Siu H F. Agents and victims in South China: accomplices in rural revolution. New Haven: Yale University Press, 1989.

Leach E R. Two essays concerning the symbolic representation of time Rethinking anthropology. London: Athlone Press, 1961.

Malinowski B. The role of magic and religion Lessa W, Vogt E R reader in comparative religion. Evanston: Row, Peterson Co, 1962:86-99.

Huntington Richard, Metcalf Peter. Celebrations of death. London: Cambridge University Press, 1979.

White Richard. The middle ground: Indians, empires, and republics in the Great Lakes region, 1650-1815. Cambridge: Cambridge University Press, 1991.

Wilson B. Religion in secular society. Harmondsworth: Penguin, 1969:93.

後記

　　本書的寫作肇始於中山大學人類學系何國強教授的邀請，歷經三載，終得完稿。在此期間，多少歡樂與艱辛都已隨時間流逝，但是每一個對本書寫作提供過幫助的人都值得筆者記住一輩子。倘若沒有他們的支持，鄙人的精神或早已崩潰。在此，筆者想一一記下他們的名字以表感謝。

　　本書所涉及的田野材料有兩大來源：一部分是筆者進行田野調查獲取的，另一部分是由何國強教授提供的（何國強教授提供的田野材料主要涉及三岩）。據筆者所知，何教授是較早進入金沙江峽谷從事田野調查的學者之一，時間大約在 2005 年。2006 年以後，何國強教授又將他門下的多名研究生帶入金沙江峽谷的三岩指導他們進行調查，而且無償把自己所調查到的材料提供給了他所帶的研究生進行論文寫作。他在指導藏學方面有著較深的造詣，因此，本書的寫作也得益於他的指導。

　　本書得以順利完成，還應感謝那些在田野調查中給予幫助的人。師弟李何春得知筆者要去藏族聚居區調查，便動用了自己的私人關係親自將筆者領到了那裏，還曾與筆者一起在藏族聚居區度過了 20 多天。在那些日子裏，他不僅幫助收集調查材料，還在精神上給予鼓勵，這種幫助之大是無法用言語來表達的。當調查資金緊張時，華南農業大學藝術學院的魏樂平副教授慷慨給予了物質上的支持，此舉令筆者深為感動！當然，生活在金沙江峽谷的報導人也應享受這份喜悅，但出於對他們隱私的考慮，我無法一一寫出他們的名字。還要感

謝的是那些不知名的藏族群眾，他們不但是本書的主角，而且還是筆者在藏族聚居區生活的導師。在那樣艱苦、惡劣的環境中他們保持著樂觀向上的精神，其天人合一的精神狀態鼓舞著筆者不斷超越自我，在布滿荊棘的道路上前進，但請恕我無法一一提及他們的名字，只能在心底祝福他們「紮西德勒」！

此外，中山大學人類學系麻國慶、張應強、劉昭瑞、郭立新、王建新、譚同學為本書的寫作提出了寶貴意見。在最後修改階段，又吸收了上海大學社會學系沈關寶教授、中南民族大學民族學與社會學學院田敏教授、中山大學人類學系陳志明教授與朱建剛教授以及歷史系溫春來教授提出的寶貴意見。對此，我由衷地表示感謝！

在本書交稿階段，李亞鋒、王曉、羅波曾幫助梳理文中的語病，筆者想藉此機會感謝他們。最後，感謝中山大學出版社嵇春霞編輯對本書出版的鼎力支持，大到本書專案的申報，小到本書的文句潤飾，無不滲透著她的汗水；倘若沒有她的支持，本書的出版也許會遙遙無期。在此，筆者深深鞠躬以表達感謝！

葉遠飄 2013 年 6 月

芃野東南民族叢書 A0202002

青藏高原東部的喪葬制度研究　下冊

作　　者	葉遠飄
主　　編	何國強
責任編輯	蔡雅如

發 行 人	陳滿銘
總 經 理	梁錦興
總 編 輯	陳滿銘
副總編輯	張晏瑞
編 輯 所	萬卷樓圖書股份有限公司
排　　版	林曉敏
印　　刷	百通科技股份有限公司
封面設計	曾詠霓

出　　版　昌明文化有限公司

桃園市龜山區中原街 32 號

電話 (02)23216565

發　　行　萬卷樓圖書股份有限公司

臺北市羅斯福路二段 41 號 6 樓之 3

電話 (02)23216565

傳真 (02)23218698

電郵 SERVICE@WANJUAN.COM.TW

大陸經銷

廈門外圖臺灣書店有限公司

電郵 JKB188@188.COM

ISBN 978-986-94616-7-2

2017 年 4 月初版

定價：新臺幣 300 元

如何購買本書：

1. 劃撥購書，請透過以下郵政劃撥帳號：

帳號：15624015

戶名：萬卷樓圖書股份有限公司

2. 轉帳購書，請透過以下帳戶

合作金庫銀行 古亭分行

戶名：萬卷樓圖書股份有限公司

帳號：0877717092596

3. 網路購書，請透過萬卷樓網站

網址 WWW.WANJUAN.COM.TW

大量購書，請直接聯繫我們，將有專人為您

服務。客服：(02)23216565 分機 10

如有缺頁、破損或裝訂錯誤，請寄回更換

版權所有·翻印必究

Copyright©2017 by WanJuanLou Books CO., Ltd.

All Right Reserved　　　　　Printed in Taiwan

國家圖書館出版品預行編目資料

青藏高原東部的喪葬制度研究 / 葉遠飄著.--

初版.-- 桃園市：昌明文化出版；臺北市：

萬卷樓發行, 2017.04

　冊；　公分.-- (芃野東南民族叢書；

A0202002)

ISBN 978-986-94616-7-2(下冊：平裝)

1.少數民族 2.民族研究

535.408　　　　　　　　　　106004093